AF367048

JOAN DE DÉU PRATS

HISTORIAS Y LEYENDAS
DE BARCELONA

Imágenes de la cubierta

Barcelona desde el mar, © Tano Doria, 2009. Estudio Uno y Tres, SL.
Silueta del litoral de Barcelona fotografiado frente a la torre Mapfre y el Hotel Arts, con el barrio de la Barceloneta y la montaña de Montjuïc, a la izquierda, y los nuevos barrios de Diagonal Mar y Fòrum, a la derecha. Al fondo, las montañas de la sierra de Collserola y la montaña del Tibidabo.

El dragón del Parc Güell, escultura original de Antoni Gaudí, de estilo modernista, elaborada con *trencadís* cerámico, que acoge la entrada de los visitantes del Parc Güell, obra construida entre 1900 y 1914, en el barrio de La Salut, en Barcelona, declarada Patrimonio Mundial de la Humanidad por la Unesco.

JOAN DE DÉU PRATS

HISTORIAS Y LEYENDAS DE BARCELONA

MARGE BOOKS

Ítaca
Director: David Soler

Historias y leyendas de Barcelona
1.ª edición, 2010

© 2010, Joan de Déu Prats Pijoan
© de esta edición, incluido el diseño de la cubierta: ICG Marge, SL

Edita: Marge Books - València, 558, ático 2.ª - 08026 Barcelona (España)
www.marge.es - Tel. +34-932 449 130 - Fax +34-932 310 865

Gestión editorial: Héctor Soler, Laura Matos y Anna Palacios
Edición: Sandra Martínez
Producción editorial: Miquel Àngel Roig
Traducción del catalán: Marta Cañigueral
Colaboradores: Roser Pérez
Compaginación: Mercedes Lara
Impresión:

ISBN: 978-84-92442-88-1
Depósito Legal:

AGRADECIMIENTOS

Las fuentes consultadas son demasiado extensas para incluirlas en la presente obra. Aun así, no puedo dejar de mencionar la rica y dilatada obra del padre del folclore catalán, Joan Amades, los excelentes artículos del periodista José María de Mena y las sugerentes aportaciones del escritor Ernesto Milà, que me han ayudado a confeccionar este libro. También deseo agradecer a mi tío, Francesc Boix, la valiosa documentación que me proporcionó, así como el hacerme partícipe de su estima por la ciudad de Barcelona.

Introducción

Una vez más he decidido aproximarme a las leyendas de Barcelona, lo cual es una manera poética y evocadora de acercarse a nuestra milenaria ciudad, y me he sorprendido al encontrar un buen número de episodios de la historia, realmente, singulares: la fundación de la ciudad por el emperador Augusto; Barxiluna, la Barcelona musulmana; la llegada de los condes de Egipto Menor, los gitanos, por explicitar algunos de los hechos más remotos; o bien la invención del telégrafo; la medida del metro; el descubrimiento de la neurona o la atmósfera de Titán, por comentar sucesos más recientes.

Muchos de estos episodios son rigurosamente ciertos. Otros están salpicados de suposiciones, deducciones, interpretaciones y espejismos. Pero todas estas historias tienen el vigor y el empuje de un buen argumento. No hace falta mencionar que el presente, en gran parte, es una consecuencia del pasado. Y el pasado que he hallado ha enriquecido mi presente.

Y aún deseo hacer un comentario más: me ha emocionado sumergirme en los grandes sufrimientos y las grandes ilusiones que han vivido los habitantes de la ciudad de Barcelona a lo largo de su historia.

Al fin y al cabo, he querido trenzar esta obra de historia y leyenda, con todos aquellos acontecimientos por los que me he sentido invitado. Ésta es, pues, una selección de historias escrupulosamente personal a cuyas narraciones he querido aportar mi propia luz. Espero que cuando leáis el libro, estos ingredientes sean de vuestro agrado.

LEYENDAS

La tierra del fin del mundo

PSHIXIA, la tierra de las serpientes, se encontraba en los confines del mundo conocido. Más allá se abría, inquietante e inabarcable, el mar Tenebrae. Era el occidente remoto, allá donde moría el día y, por tanto, simbólicamente, el país de la muerte. La tierra del fin del mundo, la Hispania de los fenicios, la Hesperia de los griegos, la Iberia de los cartagineses, el Finis Terrae de los romanos...

Por aquella lejana península discurría un antiguo camino que bordeaba la costa mediterránea y unía los bosques de Europa con la tórrida tierra de África. Se llamaba la ruta Hercúlea, en referencia a aquel semidiós griego. Hércules tuvo que viajar a Hesperia para matar al dragón Ladón, el cual custodiaba el Jardín de las Manzanas de Oro; y también había tenido que robar el rebaño de bueyes y vacas rojas del coloso Gerión.

Cuando Hércules era niño y estaba siendo amamantado por Hera, mordió su pezón con tanta fuerza que la leche salió disparada y formó la Vía Láctea. En su edad adulta, el héroe tuvo que llevar a cabo doce trabajos para recuperar la libertad perdida a causa de los celos de su madrastra. El décimo y onceavo trabajos los desarrolló en la península que cierra Europa por occidente.

Hércules realizó la gran proeza de sujetar todo el cielo, mientras Atlas, que lo cargaba sobre sus espaldas, le indicaba el camino de Hesperia.

Gerión señoreaba aquella península del fin del mundo. Era un gigante alado monstruoso con tres cuerpos unidos por la cintura, y resultaba invencible en la batalla porque sujetaba tres espadas y tres dagas a la vez. También era señor de un perro de dos cabezas, hermano del can Cerbero.

Gerión se enamoró de Pyrene, pero no fue correspondido. En venganza, el gran gigante quemó los bosques donde la princesa se escondía. La muchacha murió y Hércules, al saberlo, la enterró bajo una pila de piedras de tamaño colosal. Aquella inmensa tumba son los Pirineos. La tradición cuenta, también, que aquel gigante de tres cabezas y corazón pequeño fundó la ciudad de Girona.

Hércules consiguió matarlo después de robarle todos los bueyes. Le lanzó una flecha envenenada con la sangre de Hidra, que atravesó los tres corazones del coloso. Después, el héroe griego separó Europa y África, dando lugar al estrecho de Gibraltar; estrecho que, en la antigüedad, fue conocido como las Columnas de Hércules.

En aquella ruta que bordeaba el mar, bautizada con el nombre del semidiós, y no muy lejos de la impresionante tumba de Pyrene, se alzaba una colina que los romanos llamaron monte Jovis, en honor a Júpiter, su dios supremo. Con el transcurso del tiempo, aquel cerro acabó llamándose Montjuïc. Allí arriba, en la ladera que se decantaba al río Rubricatus,[1] se erigía un poblado íbero conocido

---

[1] Actualmente conocido como Llobregat.

como Barkeno. Según algunos estudios, este nombre podía proceder del vocablo «bar», término con el que los celtas llegados del norte designarían a los íberos del lugar. *Bar* significaría «pueblo libre, independiente, rebelde». Sea cierto o figurado, los futuros barceloneses harían honor a aquel apelativo.

No muy lejos del cerro de Júpiter, por la ruta Hercúlea —que después los romanos bautizarían como Vía Augusta— Aníbal, el león de Cartago, partió con el fin de dominar el mundo. Una legión de peones y braceros abría el camino a hachazos. Abatían los árboles con sierras, apartaban las peñas con palancas y construían puentes sobre las aguas. Veintiséis mil hombres (cartagineses, honderos baleares, sagitarios con flechas de puntas envenenadas, cuadrillas de íberos, tribus africanas, jinetes a lomos de caballos saharianos y la impresionante hilera de treinta y siete elefantes), seguidos por pesadas y chirriantes máquinas de guerra, con llamativas armas de acero y escudos de cobre, avanzaban para conquistar Roma, la Ciudad Imperial, según la poética visión de *mossèn* Cinto.[2]

Todavía hay quien menciona que la palabra *Barkeno* tendría sus orígenes en el nombre de la famosa familia cartaginesa de los Barca. Y la leyenda nos dice que el trazado del antiguo templo de Augusto, unas columnas del cual todavía se encuentran en la calle del Paradís, sería ¡la mismísima tumba de Amílcar Barca!

---

[2] Nombre popular con el que se conoce al insigne poeta y sacerdote catalán Jacint Verdaguer.

Bajo las águilas imperiales

UNA vez que Roma venció a Cartago, la península del fin del mundo fue conquistada por los latinos. Sólo los astures y los cántabros continuaban ofreciendo resistencia, hasta el punto de que muchos guerreros de estas tribus prefirieron suicidarse antes que renunciar a su libertad; otros fueron crucificados y muchos de ellos esclavizados y obligados a trabajar en las minas. El mismo emperador Augusto, hacia el año 26 aC, desembarcó en Tarraco para dirigir las operaciones.

Una vez acabadas las guerras cántabras, las legiones romanas IV, VI y X fundaron Caesaraugusta[3] y, seguramente, la colonia Iulia Augusta Faventia Paterna Barcino, es decir, la ciudad que hoy conocemos con el nombre de Barcelona. La llamaron Iulia y Augusta en honor a su fundador; Faventia tiene un carácter auspiciador; Paterna hace referencia a la intención de Augusto de crear una fundación para sus veteranos y Barcino, por el poblado íbero de Barkeno.

Las legiones romanas construyeron también el puente de Martorell para salvar el Rubricatus en el itinerario de la Vía Augusta

---

3. La actual Zaragoza.

hacia Tarragona. Aunque la leyenda lo contradice, ya que asegura que lo construyó el mismísimo diablo en una sola noche.

Y es que Satanás, disfrazado de caballero, tentó a una joven posadera que se lamentaba por tener que cruzar el río cada día para ir a buscar agua a la fuente. El caballero le propuso construirle un puente a cambio de su alma. La joven, entre risas, afirmó con la cabeza y el caballero, sin más demora, empezó a cargar piedras y a colocarlas a tal velocidad que la obra estuvo rápidamente acabada. Al percatarse de ello, la muchacha se asustó y le contó todo lo sucedido a su patrona. La mujer no se dejó amedrentar y urdió un efectivo plan: para ello sólo tuvo que rociar al gallo con agua de un cubo. El ave empezó a cantar inmediatamente, despertando al resto de gallos del lugar. Tal agitación, que parecía anunciar la llegada del alba, llegó a oídos del diablo en el momento en que cargaba la última piedra. Así pues, pensó que no había sido capaz de acabar el puente en una sola noche. Engañado por la patrona, dejó caer con rabia aquella última piedra, la cual todavía se encuentra en el mismo sitio donde la tiró el maligno.

Los antecedentes de la Barcino romana fueron el establecimiento de un destacamento de soldados romanos en la carretera que bordeaba la costa. De aquel destacamento se pasó a un fuerte, y es muy probable que la decisión de crear la colonia fuera una orden directa del emperador ejecutada por el ejército. El lugar escogido fue el monte Taber, un paraje idóneo, ya que estaba cerca de la Vía Augusta o Hercúlea, junto al mar y sobre una colina, en una zona salubre, con piedra abundante de Montjuïc y un pequeño puerto natural cerca, en el estuario del Rubricatus. Además trajeron agua del río Besòs, a la altura de Montcada, a través de un acueducto.

Los primeros pobladores de Barcino fueron una mezcla de emigrantes romanos y nativos semirromanizados. Es decir, veteranos del ejército, libertos —esclavos liberados— medio hispanos, mercenarios, layetanos y gente del puerto. En la fundación y desarrollo de la ciudad tuvieron una gran importancia los esclavos que, una vez conseguida la libertad, se convertían en notables ciudadanos.

En el centro de las colonias, los fundadores acostumbraban a cavar una fosa circular y tiraban en ella un puñado de tierra del lugar de origen, la *terra patrum*, o tierra de los padres (¿dónde puede hallarse este lugar en Barcelona?). Seguidamente, un sacerdote guiaba a una vaca blanca y un toro negro que, mediante un arado, marcaban el perímetro escogido; sobre éste se levantaban las murallas.

La fundación de una colonia era símbolo del poder de Roma y nunca se trataba como una mera cuestión técnica. Además, Roma quería ser eterna y la mejor manera de conseguirlo era divinizar a sus hombres de estado. El emperador Augusto, después de su muerte, fue el primer romano elevado a la categoría de dios; así quedaban fusionados el Estado y la fe. Su sucesor, Tiberio, forjado en las guerras cántabras, ordenó que en cada ciudad y colonia se edificara un templo en honor de Augusto, para que éste fuera recordado como dios y emperador. Y, por supuesto, se erigió uno de aquellos santuarios en Barcino, de modo que el rito confería a la ciudad el estatus de espacio sacralizado. En aquel tiempo, todas las cosas tenían su aspecto sagrado y, por supuesto, como decíamos antes, toda construcción romana aspiraba a la eternidad.

Lentamente, Barcelona y toda Hispania se convirtieron en la rica y tranquila retaguardia del Imperio, allí donde terminaba el mundo conocido... Hasta que un día irrumpieron las primeras invasiones bárbaras procedentes de los bosques centroeuropeos. Una tribu germánica, los hombres libres, más conocidos como los francos, hicieron batidas en el interior del Imperio. Barcino fue saqueada y, tras la devastación, se erigió la mayor obra romana de la ciudad: las monumentales murallas. Barcino no era una ciudad grande, pero adquirió uno de los más impresionantes recintos fortificados. Una auténtica fortaleza conocida en el mundo antiguo como la Ciudad Coronada, ya que disponía de setenta y cuatro torres de veinte metros de altura, cada una colocada a una distancia de seis u ocho metros. Aquellos torreones contaban con aberturas para emplazar maquinaria de guerra. Era una obra gigantesca que debía impresionar a los recién llegados. El conjunto resultó ser la más extraordinaria muestra de arquitectura militar de la baja romanidad en occidente. Murallas que definían el carácter de la ciudad y la defenderían durante mil años.

En cuanto a la evolución de la religiosidad en la colonia, la adoración al emperador Augusto era compartida con otras divinidades. Entre ellas hemos de destacar a Ceres, diosa de la agricultura; a Diana cazadora, diosa de los bosques; a Príapo, dios fálico de la fecundidad. También hubo un templo dedicado a Esculapio, dios de la medicina. Sin embargo, con el correr del tiempo, la divinidad más importante llegó a ser Mitra, al que se rendía un culto guerrero, un culto a la victoria entendida como divinidad. Por eso, las legiones romanas le eran especialmente devotas. Cuenta la leyenda que Mitra nació de una piedra cúbica que se mantenía sobre la corriente de un río y logró atravesar las aguas. En la otra orilla fue azotado por unos vientos que le rasgaron la ropa (había nacido con un gorro frigio, una antorcha y un cuchillo); pasados unos años, persiguió un toro, lo mató y las gotas de su sangre, al caer al suelo, hicieron florecer el trigo y la vid, el pan y el vino. Esto sucedía un 25 de diciembre, día en que los romanos decidieron celebrar los *Dies Natalis Solis Invicti*, la fecha de nacimiento de Mitra.

LOS TRES SANTOS

UNA nueva fe llegó de Oriente. Una fe que predicaba el amor a los hombres. Una fe que anunciaba que el ser más poderoso, el creador del universo, se había encarnado en el más humilde de los humanos. Un Dios que se había sacrificado, muriendo a manos de los mortales para así redimirlos del pecado y de la ignorancia... Poco a poco, los poderosos Augusto, Júpiter y Mitra se tambalearon ante aquella poesía. Los primeros cristianos de Palestina habían cambiado el dios de la justicia por el dios del amor.

En Barcino, la buena nueva fue predicada por san Cugat, santa Madrona y santa Eulàlia, que eran considerados unos blasfemos a ojos de los romanos, quienes veían esta fe como la imposición de un solo dios, algo que les resultaba tan incomprensible como la prédica «dad al César lo que es del César y a Dios lo que es de Dios», y es que el concepto de unidad entre el poder espiritual y el poder material estaba absolutamente arraigado, dado que sus emperadores eran, a su vez, divinidades.

San Cugat también vino a Barcino desde las provincias romanas del norte de África, de donde era natural (como el padre de la Iglesia, san Agustín) y fue martirizado en el campamento militar de Castrum Octavianum, el futuro Sant Cugat del Vallès. Según la tradición, sufrió escarnio y fue quemado vivo varias veces, pero resultó ileso gracias al poder de sus oraciones. No tuvieron la misma suerte sus verdugos, ya que perdieron la vista y, en el caso del prefecto Galeri, incluso la vida. Finalmente, se resolvió pasar por la espada al cristiano. En el lugar en que se cometió aquel martirio, se levantó un gran monasterio que todavía se conserva; y es que la intensa devoción de san Cugat fue un ejemplo para muchos de sus coetáneos.

Hasta el siglo XIX muchas mujeres eran bautizadas con el nombre de Madrona, en honor a la copatrona de Barcelona. La leyenda dice que un barco que transportaba las reliquias de una joven así llamada y que había sido martirizada, encalló al pie de la montaña de Montjuïc, como si alguna fuerza misteriosa le impidiera seguir hacia Francia, como si la santa hubiera decidido quedarse en Barcelona.

También cuenta la tradición que Madrona nació en el seno de una familia campesina que habitaba en la montaña de Montjuïc, pero fue al quedarse huérfana cuando un tío suyo decidió llevársela a Roma, donde ella decidió convertirse al cristianismo. Sería durante la persecución de Diocleciano, cuando la joven fue hecha *res pública*, es decir, propiedad del Estado, y fue vendida como esclava en un mercado de Oriente. Su ama, una mujer judía de Tesalónica, llamada Plautila, quiso que abandonara el cristianismo, pero al no doblegar su fe, la mató a bastonazos. El cuerpo de Madrona fue recogido y transportado en barco por unos mercaderes marselleses.

También cuentan las crónicas que el diablo, rabioso por la devoción que el pueblo de Barcelona sentía por santa Madrona, decidió soterrar la montaña de Montjuïc; pero tan sólo con hacer la señal de la cruz, la santa hizo huir al maligno. Al parecer, hay un lugar en esta montaña, llamado el Agujero del Diablo, que recuerda aquel cataclismo que santa Madrona logró evitar. En cualquier caso, lo cierto es que la única ermita que hay en Montjuïc está dedicada a esta santa. Y el día 15 de marzo, su festividad, las jóvenes que deseaban encontrar un muchacho al que prometerse le pedían: «*Santa Madrona, fes-me dona*» («Santa Madrona, hazme mujer»).

Pero fue otra santa la que arraigó más en la fe de los barceloneses: santa Eulàlia. Uno de sus milagros dio nombre a la plaza del Àngel donde, actualmente, se encuentra la estación de metro de Jaume I. Los hechos, cuentan, transcurrieron así: se trasladaban sus restos mortales desde la iglesia de Santa Maria del Mar a la cripta de la Catedral, pero el cuerpo, incorrupto, pesaba tanto que los porteadores tuvieron que dejarlo en el suelo, precisamente donde se hallaba uno de los cuatro portales de la ciudad amurallada. Los hombres se retiraron a descansar y no regresaron hasta el día siguiente; fue entonces cuando vieron aparecer, por encima de ellos, al santo Ángel de la Guarda que atravesó rápidamente el espacio, señalando con el dedo aquella entrada de Barcelona, indicando así que la urna ya podía ser llevada a su destino. Desde entonces, aquel lugar se llama oficialmente la plaza del Àngel.

La santa todavía reposa en la catedral gótica, bajo cuyos cimientos hubo una iglesia románica y, anteriormente, un lugar de culto paleocristiano, que a su vez estaba construido junto al templo romano. La catedral se encuentra, pues, en el lugar más sagrado de la ciudad, ya que en la antigüedad los templos no se construían en cualquier sitio, sino allí donde era más propicio para encomendarse a los dioses. Como decíamos, el templo del divino Augusto estaba junto a la catedral, por lo que podríamos aventurar las ocas que hoy en día graznan en el claustro bien pudieran ser descendientes coloniales de las ocas del Capitolio que los romanos utilizaban como guardianas de las propiedades. La mitología explica que, en una ocasión, las ocas capitolinas, consagradas a la diosa Juno Moneta —«aquella que advierte»—, despertaron a los romanos con sus gritos, salvándoles así de un ataque galo.

LA LLEGADA DE LOS HIPERBÓREOS[4]

Los hunos eran de corta estatura, piel amarilla y ojos oblicuos. Lucían horribles cicatrices en el rostro y eran conocidos como los «hombres caballo», ya que casi nunca bajaban de sus pequeñas y veloces monturas. Dormían a caballo, celebraban sus reuniones a caballo, se alimentaban sobre el caballo e, incluso, reblandecían la carne cruda que comían bajo la silla de montar (los famosos bistecs tártaros). Atacaban al galope, lanzando escalofriantes aullidos y disparando flechas. Era el pueblo más ágil, astuto y sanguinario de la época.

Cuenta la leyenda que en la vigilia de la colosal batalla de los Campos Cataláunicos, que enfrentó a los hunos con los romanos y donde se decidiría el futuro de Europa, Atila pidió a los chamanes que le revelasen el resultado del combate. Los augures calentaron huesos y cáscaras de tortuga y, por las formas de las grietas, descifraron el futuro. Tal y como sentenciaron, Atila perdió la batalla... pero no así la guerra. Poco después llegó a las puertas de Roma y sólo lo detuvo el sumo pontífice de la cristiandad, el papa León el Grande, quien se presentó ante él imbuido de poder espiritual y con

---

4. Gente del norte.

toda la magnificencia de su cargo, seguido por la corte eclesiástica y rodeado de grandes estandartes que ondeaban al viento. Atila, al ver tanto esplendor, se retiró a su campamento.

Los hunos hacía siglos que hostigaban a los chinos, pero con la construcción de la gran muralla, aquel pueblo feroz decidió viajar hacia Occidente hasta que se topó con los hiperbóreos, las tribus nórdicas, también conocidos como los godos.

Había dos grandes familias de godos: los ostrogodos, del este, y los visigodos, del oeste (en germánico, *ost* y *west* querían decir, respectivamente, «este» y «oeste»). Unos y otros eran hijos de los bosques nórdicos y vivían como nómadas en poblados construidos al otro lado del Rin y del Danubio. Se regían por la costumbre, ya que no tenían leyes escritas; eran ganaderos, aunque también practicaban una agricultura rudimentaria, y sus divinidades estaban relacionadas con las fuerzas de la naturaleza, ubicando sus santuarios en los rincones más escondidos de los bosques. Su paraíso, el Valhalla, era el dominio del dios Odín, y allí estaban destinados los guerreros muertos en combate. También adoraban al fresno del destino, Ygdrasil, de cuyo culto nacerían las runas que se convirtieron en los signos de su alfabeto.

Cuando los hunos toparon con los godos, los del este se sometieron y los del oeste pidieron al emperador romano que los refugiara en las fronteras del Imperio. Roma accedió, imponiendo, no obstante, unas humillantes condiciones: tenían que entregar las armas y enviar a los más jóvenes a distintas ciudades del Imperio para que aprendieran las costumbres de los grecorromanos. Así lo hicieron para salvarse de los demonios asiáticos, pero el trato que recibieron fue muy despreciativo. Además, los visigodos eran arrianos, una herejía cristiana que era condenada por Roma, lo que causaba aún más recelos al Imperio. Y es que el arrianismo negaba la naturaleza divina del Hijo. El silogismo de Arrio, sacerdote de Alejandría, decía así: «El Padre no puede ser igual que el Hijo, según sostiene el dogma de la Trinidad, en tanto que Éste no es de la misma esencia que aquél y no es de su misma esencia ya que no es eterno, puesto que fue engendrado por el Padre. Y dado que se trata de un engendrado, tiene origen y, por tanto, su existencia está acotada en el tiempo. No es, pues, de esencia divina. Si hubiera sido de la misma esencia del Padre, sería divino y no estaríamos ante un dios, sino ante dos: Padre e Hijo».

Finalmente, los visigodos se sintieron tan amenazados por sus anfitriones romanos que escogieron a un caudillo para enfrentarse a ellos. Se llamaba All Reich (Todo Rico), más conocido entre nosotros como Alarico, de la familia de los Baltos, que significaba «los Atrevidos». En honor a su nombre, el nuevo líder tomó una decisión antes impensable, se trataba de una locura, de una temeridad... atacar el corazón del Imperio; «la Ciudad», como llamaban a Roma aquellos rústicos hombres de los bosques.

Los bárbaros tuvieron que quedarse estupefactos ante el perímetro de murallas de treinta y cinco kilómetros que rodeaban Roma. Según algunas fuentes, la ciudad tenía un millón de habitantes. El sacrilegio que Atila, años después, no se atrevió a cometer, los visigodos lo llevaron a cabo; pero antes debían sobreponerse a la impresión colosal, al atrevimiento inmenso de haber penetrado en el sagrado recinto del Águila Bicéfala, justo cuando sus padres y abuelos la reverenciaban de forma temerosa y suprema.

Los visigodos no supieron qué hacer con el Imperio. Ellos sólo querían una tierra donde crear un reino independiente. Alarico tomo un rehén, la bellísima hija del emperador Teodosio, Gala Placidia, la mejor presa del saqueo de Roma.

Poco después, al morir Alarico, Atta Hulfe, Ataulfo, o dicho en castellano «Padre Auxiliador», consiguió del emperador la Galia Narbonense y la Tarraconense a cambio de expulsar de Hispania a los otros pueblos bárbaros que la saqueaban. Ataulfo, para rubricar aquel compromiso entre romanos y visigodos, se casó con Gala Placidia y, al parecer, la amó verdaderamente.

Se instalaron en Barcelona, ya que la consideraron un buen cuartel general desde donde dirigir la limpieza de la Península. Así, pues, los germanos visigodos fueron los primeros en convertir aquel lugar en una capital. No es de extrañar, dado que se trataba de una gran fortaleza, magníficamente amurallada, conocida como la Ciudad Coronada.

Cuenta la leyenda que Ataulfo murió cosido a puñaladas por un bufón, llamado Bernulfo, que siempre tenía enconadas burlas contra el caudillo a causa de su baja estatura. Pero hay dos versiones de los hechos: una de ellas asegura que el bufón se vendió a Constancio, general romano del emperador y antiguo amante de Gala, quien no soportaba ver a la mujer que amaba en brazos de otro; otra versión cuenta que el inductor del asesinato fue Sigerico, un caudillo rival.

El caso es que Sigerico terminó siendo el nuevo capitoste visigodo. Enemigo del Imperio, y queriendo demostrar su desprecio hacia los romanos, se hizo pasear por toda la ciudad en un carro triunfal, mientras le abrían el paso los esclavos, las mujeres públicas y la desventurada Gala Placidia. Después, se apoderó de seis hijos que Ataulfo había tenido con su primera esposa y les dio una muerte cruel. Pero Sigerico no disfrutó demasiado del poder, ya que al cabo de siete días de hallarse en el trono también fue asesinado. La facilidad con la que morían los caudillos visigodos a manos de otros rivales creó una expresión: el *morbo gotorum*.

Gala Placidia enterró a su esposo en Barcelona, en un gran sepulcro en forma de templo romano clásico del que no queda rastro. A Gala Placidia la tenemos presente en una plaza entre la Via Augusta y la Travessera de Gràcia. Ataulfo, sin embargo, sólo tiene un discreto callejón situado tras el Ayuntamiento de Barcelona.

Durante un tiempo, el sur de la Galia y el norte de la Tarraconense se llamaron Gotia. Algunos han querido ver en los vocablos «Gothia Launia», «la tierra de los godos», los orígenes de la palabra Catalunya.

Y también durante un tiempo, toda la Hispania fue tierra de apostatismo. Como el priscialismo, que propagó Prisciliano, obispo de Ávila. Esta herejía negaba la Trinidad y añadía que el Demonio era intrínsecamente malo y que no había sido creado por Dios, sino que había surgido del caos y de las tinieblas. También sostenía que los cuerpos estaban sometidos a las influencias de los astros y que Jesucristo nunca había sido real, sino que se trataba de una ilusión creada por Dios. Negaba, además, la resurrección de los cuerpos y las mujeres podían acceder a las ordenaciones sagradas.

El arrianismo, sin embargo, fue mucho más popular. De hecho, se cree que la basílica visigoda de tres naves que se hallaba en el lugar donde hoy se encuentra la catedral, podría ser de confesión arriana, ya que cuenta con un gran baptisterio, tal y como era costumbre en los templos arrianistas. Esta reliquia se conserva perfectamente en el subsuelo del templo y se puede visitar.

A pesar de este pasado herético, en España, y a lo largo de muchos siglos, los visigodos fueron considerados garantía de sangre limpia, es decir, cristiana. Se decía que tener los cuatro apellidos acabados con el sufijo «ez/oz», que significa, «hijo de», y no tener ningún apellido entre los ocho primeros que designara ningún oficio, era prueba de descender de los visigodos.

Precisamente, por este vínculo de pretendida pureza, los libros de texto escritos durante la dictadura franquista enfatizaban el período visigodo en España, y se obligaba a los estudiantes a que se aprendieran la lista de los reyes godos como un ejercicio mnemotécnico.

Los visigodos señorearon en la península Ibérica durante unos cuantos siglos, pero no lo tuvieron fácil: en las tierras que después formarían Galicia, tuvieron que luchar contra los suevos; en el norte, contra los rebeldes vascones; y al sur, contra los bizantinos de Justiniano, que querían revivir la gloria de los césares.

Aquel mal, el *morbo gotorum*, los fue desangrando, hasta que llegaron los jinetes del desierto, los hijos del Islam.

Barxiluna

E N pleno desierto de Arabia, donde las tribus adoraban a sus ídolos —además de a un meteorito caído del cielo—, un hombre llamado Mahoma, estaba muy impresionado ante lo que contaban judíos y cristianos: la doctrina del Dios Único Invisible y Todopoderoso y llegó a tener visiones, convirtiéndose en profeta de todo un pueblo: el árabe. Éste, movido por su fe, se atrevió a conquistar el antiguo imperio de los persas —se extendía desde Caldea hasta el Himalaya—, así como buena parte del imperio, todavía romano, de Constantinopla, que dominaba desde Siria hasta Gibraltar.

Según el Corán, el día del Juicio será anunciado por la trompeta del Arcángel. Entonces la tierra se agrietará, lloverá durante cuarenta días y así se impregnará la sustancia del *sacrum*, un hueso del cuerpo humano que contiene el germen de un segundo cuerpo. Rejuvenecidos, los creyentes irán con su propia carne al Paraíso donde serán atendidos y se les invitará a reposar sobre gruesos almohadones. Allí se les servirá el mejor vino, fruta magnífica y tanta carne de ave como puedan desear. Entre frescos torrentes, les esperarán muchachas de ojos grandes, bonitos como perlas, y vestidas de seda verde...

Podemos imaginar que, para la ruda gente del desierto, un paraíso tan sensual era una promesa por la que valía la pena luchar.

El Corán dice también: «Luchad contra los infieles hasta que acabe toda resistencia». Y así debió ser, ya que los pueblos vecinos de los árabes se quedaron paralizados ante aquella fe tan violenta; pero Mahoma, además, advertía: «No obliguéis a nadie en materia de religión. Si Dios lo hubiera querido, todos los hombres creerían lo mismo».

En cualquier caso, las cimitarras del desierto cumplieron con su trabajo y destruyeron los setecientos mil pergaminos de la gran biblioteca de Alejandría. Cuenta la leyenda que Omar, el califa, sentenció: «Si en los libros se dice lo mismo que en el Corán, sobran; si lo que hay escrito es diferente, son perjudiciales».

Pero los árabes no siempre fueron los feroces guerreros del desierto, de hecho, quisieron aprender de los pueblos sometidos y así fue como difundieron las ideas, las formas y los inventos de persas, griegos, hindúes e incluso chinos. De Aristóteles aprendieron a observar la naturaleza y a preguntarse por el origen de las cosas, por ejemplo, las palabras «química» y «álgebra» proceden del árabe. Gracias a los prisioneros de guerra chinos, conocieron el papel; y de los hindúes tomaron los números, hoy llamados arábigos.

En los territorios conquistados, aquellos que no se convertían al Islam pagaban un tributo. Convertirse, pues, era una ventaja tan manifiesta que los caldeos, sirios, persas y bereberes se hicieron musulmanes sin vacilar. En la India, los que abrazaban la fe de Mahoma eran liberados del régimen de castas. De la misma manera, los agricultores islamizados dejaban de estar sometidos a la tierra.

La Guerra Santa se extendió y no tardó en llegar al estrecho de Gibraltar, en los confines del mundo conocido. Al otro lado se encontraban las tierras de la Atlántida, ya que la palabra «al-Andalus» podría proceder perfectamente de Atlántida. En las crónicas árabes se hablaba de Yazira-al-Andalus, la isla de al-Andalus. Parecía lógico que los árabes denominaran de aquella manera al extremo occidental del mundo, que también dio nombre al océano Atlántico con un término heredado del platonismo.

Otra acepción de al-Andalus es país de los vándalos: Vandalucía, ya que aquellos bárbaros se establecieron en el suroeste de la península Ibérica y después pasaron al norte de África. Los habitantes norteafricanos los vieron llegar del otro lado del estrecho: la Tierra de los Vándalos.

Y ahora, aquella tierra fértil y verde sería conquistada. La noche del 27 de abril del año 711, Tariq, un bereber recién convertido al islam, cruzó el Bahr al-Rumí, o mar de Roma, el Mediterráneo, con su ejército de soldados bereberes, mauritanos, negros y un reducido número de árabes. Desembarcaron al pie de una montaña *(gebel,* en árabe) que recibirá el nombre del conquistador: Gebel al-Tarik, o montaña de Tarik, con el tiempo, Gibraltar.

Tarik era el jefe militar, mientras que el jefe político y representante del Califa de los Creyentes era Muza; popularmente conocido por nosotros como el Moro Muza.

En aquel momento, el rey de los visigodos era Roderic, o don Rodrigo. Cuando se produjo la invasión de la media luna, Roderic estaba luchando contra los vascones y hubo de galopar apresuradamente hacia el sur de la península.

En la batalla de Wadilakka, o Guadalete, Roderic fue traicionado por algunas facciones visigodas. Cuenta la leyenda que desapareció en lo más cruento del combate y que su caballo fue hallado en un barrizal del río. Dice otra tradición que, con algunos de sus hombres, huyó hacia la sierra de Francia, donde fue sorprendido por el Moro Muza. En un templo cercano a la población portuguesa de Viseo, fue encontrada una sepultura con una inscripción que decía: «*Hic Requiescit Rudericus Rex Gothorum*». Y así fue como un pueblo de sólida fe y paraíso tan codiciado fulminó a los decadentes godos germánicos, que tiempo ha habían salido de los brumosos bosques del norte de Europa y habían abandonado a sus dioses y al paraíso del Valhalla.

En el año 714 los musulmanes llegaron a Barxiluna, como llamaban a Barcelona. Habiendo llegado noticias de los terribles estragos que habían sufrido los habitantes de Tarragona al resistirse a la invasión, parece que la ciudad se rindió a los conquistadores. Los musulmanes destruyeron el monasterio de Sant Pau del Camp, pero respetaron el resto de monumentos y, al parecer, construyeron las primeras atarazanas de la ciudad, para defender las costas de las expediciones cristianas.

Muchos barceloneses abrazaron la religión de Mahoma para eludir los impuestos; estos conversos recibían el nombre de muladíes. El resto de habitantes de la ciudad veía como todos los esfuerzos para librarse de los sarracenos resultaban inútiles, hasta que un día una princesa muy bella y delicada decidió sacrificar su vida por la patria. Su plan era contraer el mal cristalino, una terrible plaga que otorga hermosura a las mujeres que la sufren, pero que no les permite alternar con ningún hombre, ya que el contagio de la enfermedad resulta imperceptiblemente mortal. La princesa logró su propósito e infectada del mal, vio acrecentada aún más su belleza. Conforme a su plan, fingió estar enamorada del rey moro, expresando su deseo de renunciar a la ley de Cristo y de ser desposada por el musulmán. Éste cayó rendido a sus pies, la aceptó en matrimonio y la hizo reina de su harén que ya contaba con setecientas esposas (y que, según cuenta la leyenda, había sido ubicado en el lugar que antes ocupaba el destruido monasterio de Sant Pau del Camp). Pero, al cabo de poco tiempo, y sin advertirlo, el rey se contagió del mal cristalino y murió entre terribles dolores. Los moros, sin un rey que los dirigiera, se desmoralizaron, perdieron su bravura y fueron, finalmente, vencidos por los cristianos.

La realidad, sin embargo, fue un poco distinta, ya que la demografía de la futura Catalunya quedó alterada desde los primeros avances de las tropas sarracenas. Los campesinos huyeron apresuradamente de las vulnerables llanuras y se refugiaron en los desfiladeros y en los contrafuertes de los Pirineos, fundando pequeños asentamientos donde podían sentirse libres, aislados e independientes, ya que los sarracenos no les podían seguir. A partir del siglo VIII, el campesinado de las montañas fue prosperando, con lo que la resistencia de aquellos hombres y mujeres ejerció una profunda influencia sobre Catalunya y se convirtió en la auténtica esencia del Principado.

Un lugar donde los seres duros, resistentes, de mirada penetrante y desconfiada no se rendían y, por encima de todo, eran libres. El feudalismo, tiempo después, les robó su independencia.

Uno de los cuatro portales de la muralla romana que aún rodeaba a Barxiluna, se llamaba portal de Regomir y era la puerta que daba al mar. En aquellos tiempos pretéritos, los portales estaban fortificados y encima de ellos había una especie de pequeño castillo (hoy en día todavía se puede admirar una de las entradas de la ciudad en la misma calle de Regomir, al lado de la capilla de Sant Cristòfol).

La leyenda cuenta que el nombre del portal hace referencia al rey Gamir, caudillo musulmán que tomó la ciudad al rey visigodo Wamba. Este godo era poseedor de una gran riqueza y al saber que los sarracenos se acercaban a Barcelona, se afanó en salvar el tesoro más que en defender la ciudad. Así pues, huyó tras cargar en carros sus cofres cargados de oro y joyas. Los sarracenos entraron libremente en Barcelona y, al saber que el rey se había escapado con un tesoro, lo persiguieron. Cerca de Montserrat, Wamba se dio cuenta de que todo aquel peso que cargaba demoraba su marcha y lo convertía en presa fácil, por lo que decidió enterrar su fortuna en el interior de la capilla de Santa Magdalena, al pie de la montaña, junto a una espada con empuñadura de oro. A día de hoy, todavía nadie ha conseguido desenterrar el tesoro ni la espada del rey Wamba.

El caso es que la procedencia del nombre del portal de Regomir queda un poco difuminada. Unos atribuyen el término al mencionado rey sarraceno. Otros, al vocablo *regul*, diminutivo de *rex* («rey»), que sería un capitoste de las hordas visigodas. Incluso hay quien opina que por aquellos andurriales pasaba un canal de riego del conde Mir y, en consecuencia, sería la puerta de riego de Mir.

La tradición también nos dice que Regomir es la contracción de rey y Gamir y que éste fue el último monarca sarraceno de Barxiluna. Al llegar las tropas francas, Gamir habría sido encerrado en este castillo de la muralla y el nuevo conde de la ciudad le habría permitido vivir allí durante el resto de su vida.

Pocas son las herencias sarracenas de la ciudad de Barcelona, que sólo estuvo ochenta años bajo la bandera de la media luna. Hay una tradición algo difusa que asegura que los sarracenos tenían la costumbre de plantar una palmera como homenaje a la tierra de Mahoma y con el fin de recordar que una palmera alimentó al profeta durante su huida de la Meca. En Barcelona se plantó en un lugar cercano a la plaza de Sant Jaume, y así se originó el nombre de la calle llamada Palma de Sant Just.

Tampoco se tiene constancia de dónde debía estar la mezquita de Barxiluna.

Lo que dicen que existió en Barcelona es un morabito o ermita de gran devoción musulmana, donde sería enterrado alguno de los santos o alfaquís (expertos en jurisprudencia islámica) más destacados de su religión. El nombre árabe de estos morabitos es *rápita*. Estos templos han dejado su nombre en lugares como Sant Carles de la Ràpita. El morabito de Barcelona, por una transformación sucesiva del vocablo *ràpita*, que pasó de *ràpita* a *rapta* y después a *rata*, originó el nombre de calle de la Rata, desaparecida en el siglo XIX, cerca de la plaza Reial.

LOS HOMBRES LIBRES

LOS romanos denominaban *ferox* a un antiguo pueblo bárbaro. El uso de armas avanzadas para la época, como hachas cortantes o lanzas que permitían inmovilizar al enemigo para atacarlo con la espada, le dio fama de poseer grandes guerreros. En realidad, se trataba de una confederación de tribus asentadas en el Rin central, autodenominada «franca», que en antiguo germánico quería decir «libre» o «indomable». El emperador Juliano firmó una alianza y se creó, así, el reino franco de la Galia, que se romanizó y fue civilizado también por el cristianismo, así que, de todos los bárbaros, los francos fueron los únicos herederos de Roma en Occidente y pasaron de ser un grupo de tribus del bosque a convertirse en un estado organizado que perseguía un gran objetivo: refundar el Imperio romano. En realidad, ellos fueron la génesis de la Europa medieval y de aquel pueblo, con el transcurso del tiempo, surgirían la Francia y la Alemania modernas, así como la incipiente Catalunya.

A su vez, los carolingios fueron los mayordomos de palacio del rey franco, hasta que ellos mismos llegaron a ser soberanos. Carlos el Grande, Carlomagno, fue fundador del Sacro Imperio Romano Germánico.

Las fronteras del Imperio carolingio eran extensas y al otro lado vivían pueblos indómitos. Por este motivo, los francos crearon en sus límites unas marcas o fronteras, y los encargados de protegerlas fueron los marqueses. En las fronteras del este vivían los paganos sajones, escondidos en las espesas selvas de la Europa central. Adoraban árboles sagrados y sus sacerdotes eran los druidas. En el norte, los francos limitaban con Dinamarca, la frontera de los daneses, más conocidos como los diablos vikingos, los reyes del viento, como podría indicar su nombre. Y en el sur se hallaba la Marca Hispánica para protegerse de los nómadas del desierto: los árabes. Estos últimos, sin embargo, habían fundado el Califato de Córdoba, ciudad que llegaría a ser la más importante y poblada de toda Europa.

Los bárbaros de los bosques habían creado un Estado que quería emular al Imperio romano. Pero eran unos analfabetos rurales comparados con los antiguos nómadas del desierto, que se habían convertido en la civilización más culta y sofisticada de Europa. Entre estos dos mundos, entre los francos y los sarracenos, en la áspera frontera pirenaica, donde se situaba la Marca Hispánica, nació Catalunya.

Carlomagno, para proteger mejor su reino, quería situar el linde con los musulmanes en el Ebro, pero fracasó al atacar Zaragoza, la antigua Cesaraugusta. Al regresar por el desfiladero de Roncesvalles fue atacado por los vascones y su ejército fue aplastado. Todavía hoy los pastores os mostrarán la roca inmensa que Roldán, prefecto de la marca de Bretaña y caudillo de los francos, desesperado al verse vencido, partió con su propia espada, la famosa Durendal, que no se rompió ni doblegó. Los pastores también muestran las huellas que dejaron las herraduras de su caballo. Incluso se conservan en la colegiata de Nuestra Señora de Roncesvalles grandes sepulcros con huesos humanos, palos de lanza, cornetas, mazas y otros objetos que parece ser pertenecen a aquella gran batalla que perdieron los francos.

Pero los hombres libres no se dieron por vencidos y, finalmente, conquistaron tierras al sur de los Pirineos. La primera ciudad que quisieron hacer cristiana fue Girona. Carlomagno la sitió, pero no conseguía tomarla. De rodillas, ante su espada, rezaba con íntimo fervor pidiendo ayuda al Altísimo. Hacía un tiempo tempestuoso cuando, de repente, un rayo rasgó las nubes iluminando vivamente la gris oscuridad del crepúsculo y todos pudieron contemplar, con ojos atónitos, una inmensa cruz de fuego que, procedente del cielo, permanecía sobre la ciudad señalando el lugar donde se emplazaba el alcázar sarraceno. La tropa cayó de rodillas para adorar la santa aparición, mientras unas gotas de sangre caían de la cruz y se convertían en crucecitas rojas al tocar el suelo.

Por fin, el emperador se levantó y ordenó que todos tomaran las armas, ya que aquel prodigio indicaba claramente que la voluntad divina se inclinaba a su favor. Y así fue como las tropas cristianas se lanzaron al ataque y vencieron a las sarracenas. Desde entonces, se ha transmitido de padres a hijos la historia de la aparición de la Cruz de Fuego y de la victoria del emperador de la barba florida, el gran rey Carlomagno.

Años más tarde, el ejército franco, capitaneado por Luis el Piadoso, rey de Aquitania e hijo del emperador, sitió Barcelona. Fue un asedio largo. Los sarracenos, dentro de las murallas, vieron cómo los francos no levantaban el cerco al llegar el invierno, sino que en lugar de eso, construían cabañas para guarecerse. Entonces el valí (gobernador) de la ciudad, Zaid, intentó hacer una salida nocturna con el fin de encontrar auxilio, pero cayó preso al ser descubierto por un relincho de su caballo. Los francos mostraron a su prisionero ante los muros de la ciudad y los de dentro capitularon. Era el mes de octubre del año 801. Al día siguiente, las tropas de Luis el Piadoso entraron en Barcelona en honrosa procesión y se dirigieron al templo de la Santa Creu, advocación que todavía lleva la catedral de Barcelona.

Se designó como gobernador al que sería el primer conde de Barcelona, Bera el Godo. Su nombre, como el de Berenguer, procedía del germánico y quería decir «oso», vocablo que estaba relacionado con la estrella polar, dentro de la constelación de la Osa Mayor, a la cual rendían culto los hiperbóreos, los antiguos pobladores del lejano norte.

Durante tres siglos, Barcelona fue una ciudad fronteriza que resultó asediada por los sarracenos con frecuencia. Al abrigo de sus murallas se desplazó gente de espíritu aventurero en busca de oportunidades. Allí nació Catalunya, en un contexto militar, en una tierra y una sociedad de frontera.

Asimismo, a través de los condados de la Marca y de sus monasterios, llegó la ciencia árabe, mucho más avanzada que la europea.

El álgebra, el astrolabio, la farmacia, el papel y la medicina pasaron por el Mediterráneo en general y por Catalunya, en particular. En el siglo XI, el monje aquitano Gerbert, el futuro papa Silvestre II, se trasladó a Catalunya con el fin de estudiar matemática arábiga, conocimiento que después difundió por Europa junto a la numeración indoarábiga y al número cero, una innovación aprendida de esta ciencia.

La desintegración del Califato de Córdoba y el debilitamiento del reino de los francos después del año 1000 dieron una oportunidad de independencia a los condados catalanes. Anteriormente, a finales del siglo IX, Guifré el Pilós consiguió unir bajo su autoridad los condados de Urgell, Cerdanya, Barcelona y Girona.

Cuenta la leyenda, que cuando los árabes abandonaron al margen derecho del Llobregat, dejaron allí unos dragones. En las montañas de Sant Llorenç, cercanas a Barcelona, hay muchas cuevas, la más conocida de ellas es la Cova del Drac (Cueva del Dragón).

Los sarracenos trajeron uno de estos animales mitológicos del norte de África. Cuando el dragón era pequeño corría como un gamo, volaba como un ave rapaz y tuvieron que subirlo por el río Llobregat para hallar una cueva donde dejarlo. En aquel tiempo lo alimentaban con ovejas; cuando creció, diezmó rebaños; y, de adulto, devoró cristianos.

Los francos enviaron al caballero Candal con sus hombres. Al verlos, el dragón empezó a bramar y se les echó encima volando. Fue entonces cuando los caballos cayeron por un abismo, que desde entonces se conoce como Sima de los Caballos.

Guifré el Pilós tuvo que enfrentarse personalmente al monstruo, pero el dragón lo atrapó con sus garras y se lo llevó volando. Cuando todo parecía perdido, el conde, encomendándose a Dios, le clavó la lanza en el corazón. El dragón cayó mortalmente herido sobre unos troncos en forma de cruz. Desde aquel momento se conoce el lugar como el Turó de la Creu.

Al dragón le sacaron la piel y la llenaron de paja; después, fue llevado a Barcelona, donde todos pudieron contemplar al terrible animal.

El conde Guifré además de defender a Catalunya de los dragones, también lo hizo de los diablos vikingos, que no se conformaron con hacer razias por todo el Mediterráneo, sino que, según cuenta la tradición, incluso arrasaron Empúries.

Se dice que Guifré mató al conde de Cerdanya, Salomón, para vengar la muerte de su padre. Huyó velozmente a Francia, donde el rey Carlos el Calvo lo perdonó y lo confirmó en su condado. Agradecido, Guifré se ofreció a acompañarlo en la labor de expulsar a los vikingos, por lo que Carlos le nombró capitán de una facción de su ejército.

Los vikingos devastaban utilizando la acción psicológica. Eran de una gran ferocidad, como muestra el espantoso suplicio del águila de sangre, que consistía en arrancar los pulmones de la víctima por la espalda, a través de los laterales abiertos por un hacha.

Prosigue la leyenda que, finalmente, se encontraron las tropas de Carlos el Calvo frente a las hordas vikingas; los primeros iban perdiendo y estaban a punto de rendirse, cuando llegó Guifré con sus hombres y decidió la victoria para los francos, aunque resultó gravemente herido en la batalla. El emperador lo visitó en su tienda para expresarle su agradecimiento, momento en el que el conde pidió al monarca un blasón para su escudo de oro. Carlos firmó con los cuatro dedos de la mano untados en la sangre de la herida de Guifré. Y le dijo: «Conde, éstas serán vuestras armas». Y le recompensó concediéndole la independencia del condado. Éste es el origen de las cuatro barras de la bandera catalana.

Otra leyenda sostiene que Guifré el Pilós murió luchando contra los sarracenos no muy lejos de los bosques de Valldaura, que coronan el valle de Horta.

Con el tiempo, los árabes fueron expulsados hasta los valles del Ebro y del Segre; y durante tres siglos más, Tortosa y Lleida siguieron estando bajo la bandera de la media luna, siendo ciudades populosas y más grandes que Barcelona.

Los pocos musulmanes que se quedaron en la Ciudad Condal se congregaron en un barrio próximo al Castell de Regomir, que se llamó Vilanova dels Sarraïns, que se ubicaba entre la actual sede central de Correos y Santa Maria del Mar. También vivieron al otro lado de La Rambla, fuera de las murallas; barrios conocidos en árabe como *Ar Rabá*, el Raval.

Leyendas del Call

En la calle de la Amargura de Jerusalén había un zapatero que tenía su taller. Por aquella vía pasó Jesús cargando la cruz camino del Calvario y, exhausto, se paró un momento en la puerta de la tienda. El zapatero, al verlo, le increpó diciéndole que caminara, que caminara. Jesús reemprendió la marcha diciendo: «También tú caminarás siempre y siempre, mientras el mundo será mundo.» Y en aquel mismo momento Ahas Berus sintió impaciencia por emprender el camino, sin detenerse nunca, viajando constantemente alrededor del mundo. Tardó siete años en dar una vuelta entera. No pasaba ninguna noche bajo tejado, ni se podía sentar, excepto para comer. De tanto caminar tenía la suela de los pies endurecida como un cuerno. No era pobre ni rico, siempre que se ponía una mano en el bolsillo, encontraba una moneda. Se sabe que pasó por Barcelona, entró en una tienda de Santa Maria y compró unos calzones de terciopelo; en el momento de pagarlos, se puso la mano en el bolsillo y sacó una moneda. Repitió la acción tres o cuatro veces hasta que pudo pagar la compra. No se sabía qué idioma hablaba, pero se le entendía. Ésta es la leyenda del judío errante.

Mucho tiempo antes, entre Egipto y Mesopotamia, existía un país de profundos valles. Los pueblos de los alrededores rezaban a muchas divinidades: Isis, Bahal, Astarté, etc. No obstante, había unos pastores que adoraban a un único dios y que tenían prohibido realizar imagen alguna de él. Además, ellos creían ser el pueblo elegido. Salomón fue el primero de sus reyes que erigió un templo; sin embargo, en el rincón más sagrado no había ninguna imagen.

En tiempos de los Césares, la opresión, la peste y el hambre llevaron a los judíos a la desesperación y la rebelión contra los romanos, pero las legiones de Tito y Adriano destruyeron Jerusalén. Entonces fue cuando el pueblo judío abandonó Palestina y se dispersó por todo el imperio y más allá. Aquel éxodo se le conoce como la Diáspora. Desde aquel momento muchos hebreos que no tenían nada que ver con la pasión de Cristo se convirtieron en errantes.

Seguramente en el siglo II después de Cristo ya habían llegado judíos a Barcelona, por lo que es posible que la ciudad dispusiera antes de una sinagoga que de un templo cristiano.

De lo que no cabe duda es que los judíos ocuparon progresivamente una de las cuatro partes en que se dividía la ciudad dentro de las murallas, dando lugar a un barrio que se llamó Call, que significa «calle pequeña». Allí vivían según sus leyes y sus costumbres, y se regían por su calendario de ciclos lunares. Hasta finales del siglo XIV, vivieron en el Call unas cuatro mil personas.

Los judíos llegaron a ser una comunidad floreciente, dedicada a transacciones monetarias y al financiamiento, ya que tenían prohibidos otros oficios y, en cambio, los cristianos no podían ejercer el préstamo con interés. También fueron excelentes matemáticos, cartógrafos, gramáticos y médicos. A menudo eran empleados como asesores al servicio de la Corona. Llevaban un distintivo amarillo y rojo que informaba de su condición y, a la vez, indicaba que estaban bajo la protección del rey.

También eran muy apreciados los astrólogos judíos en una época en que se creía en el influjo de los astros. Hasta tal punto se tenía en cuenta el transitar de las estrellas que el rey Pere el Cerimoniós, al decidir la construcción del Saló del Tinell, expresó su temor de que el resultado de las obras fuera adverso si no se realizaba en el momento indicado por los cuerpos celestes. Así que según el consejo de los astrólogos, la primera piedra se colocó el día 27 de octubre del año 1359, exactamente a las dos y media de la tarde.

Los oficios relacionados con la economía dieron nombre a diferentes calles de Barcelona. Los judíos instalados en la calle de Canvis Vells, cerca de la iglesia de Santa Maria del Mar, disponían de unas mesas bajas —bancos—, donde mostraban las diferentes monedas, las balanzas y los libros de anotaciones. Era allí donde se cambiaba el dinero.

En aquel tiempo, la moneda cambiaba de una región a otra y Barcelona era lugar de tránsito de navegantes y cruce de caminos de muchos lugares. No siempre las operaciones eran limpias y se producían intentos de engañar a los incautos. Si un cliente se daba cuenta y conseguía demostrar el fraude, las autoridades destrozaban la mesa del judío. Se producía, entonces, una *bancarrota* y el judío era suspendido durante unos años. Más adelante era autorizado para retomar sus negocios, pero en otra calle, la de Canvis

Nous, donde se agrupaban aquellos que en algún momento habían sido atrapados intentando estafar a los gentiles.

Además de ser expertos en cambios monetarios, dice la tradición que los hebreos inventaron la escudella catalana. A los judíos catalanes les interesaba encontrar una comida que tuviera mucho alimento, que costara poco dinero y que se hiciera sin gran esfuerzo, ya que preferían dedicar tiempo y energía al trabajo. Se celebró un concurso para ver quién encontraba un manjar que reuniera estas condiciones. Y así fue como una mujer hebrea inventó la escudella.

El Call estaba formado por callejones que zigzagueaban y allí podían ocurrir hechos extraordinarios. Todavía hoy se puede encontrar este pasado. En uno de los tres recovecos que forman la calle de Sant Ramon del Call hay una casa en ruinas, sin techumbre, que según la voz popular está encantada. Allí vivía un judío, famoso alquimista, que tenía una hija bellísima. Un caballero cristiano, enamorado de la doncella, intentó propasarse, pero la joven se defendió vivamente. El caballero prometió vengarse: fue a buscar al padre de la chica, y le pidió que le prepara un veneno que causara una muerte lenta y dolorosa. El judío, ignorante de que estaba preparando el veneno para su propia hija, puso todo su talento al servicio del caballero, que le pagó generosamente. Con artimañas, el cristiano logró que la muchacha tomara la pócima. Cuando la joven se sintió enferma acudió rauda a su padre para que la curara con su arte maravilloso, pero éste hubo de admitir, horrorizado, que ningún remedio la podía salvar, porque aquél era el bebedizo que él mismo había preparado. Lleno de ira y horror abandonó la casa para siempre, pero antes la dejó encantada y emponzoñada, para que cualquiera que intentara habitarla perdiera la vida.

El Call y sus habitantes, los judíos, eran el *monedero* del rey porque le proporcionaban préstamos, buenos consejos y beneficios. No obstante, se dio el caso que el monarca Jaume I, a instancias de los frailes predicadores, convocó en el Saló del Tinell la disputa religiosa entre Mosé ben Nahman, rabíno de Girona, y fraile Pau Cristià, converso por parte cristiana. Además del rey estaban presentes san Ramon de Penyafort y muchas otras personalidades. El debate sobre las dos religiones duró varios días y trató temas como la llegada del Mesías, la esencia divina de la Trinidad o la identidad divina de Cristo. La trascendencia de esa disputa llegó a toda Europa, pero la consecuencia fue la censura y la quema de libros hebreos, la autorización a los dominicos para predicar en las sinagogas y el exilio a Jerusalén de Mosé ben Nahman.

Aquellos tiempos ya eran intolerantes. Asimismo, parece que al principio, las comunidades cristiana y judía tenían buenas relaciones, pero ya en el Concilio de Letrán IV, la Iglesia tomó disposiciones contra los judíos: control de préstamos y obligación de llevar señales en los vestidos. También se les prohibió que ocuparan cargos públicos que conllevaran una autoridad sobre los cristianos, y se les obligó a cerrar el Call para separarlos del resto de la población.

El ambiente se enrareció. Los judíos fueron acusados de envenenar pozos durante la peste negra. A menudo, eran el blanco de las tensiones entre los nobles y el pueblo explotado. A veces, incluso, aquellos hombres importantes que les debían dinero, orquestaban revueltas contra ellos para no tener que pagarles. Por todo esto se decía que cuando los judíos escupían saliva, ésta se convertía instantáneamente en un montón de gusanos venenosos.

Por culpa de unas prédicas exaltadas, en el año 1391 hubo una gran matanza de judíos en toda España. Empezó en Sevilla, pasó a Córdoba, Jaén, Cuenca, Valencia... Y el 5 de agosto una multitud enfebrecida penetró en el Call de Barcelona.

Las tiendas y las casas de los judíos fueron saqueadas y la matanza engulló a ancianos, mujeres y niños. Los hebreos que podían huir se refugiaron en el Castell Nou, o Torre de Cató, fortificación de la puerta de la muralla de Ponent, donde se decía que había estado encerrada santa Eulàlia antes de ser martirizada. Los judíos confiaban en que el castillo los protegería, pero la multitud derribó las puertas y continuó la degollina. En el Palau del Veguer se quemaron registros de la propiedad y documentos penales y se intentó obligar a los consejeros a suprimir ciertos impuestos. La matanza se había convertido en una revuelta y Barcelona vivió dos días de anarquía total.

La calle de la Sinagoga Gran se convirtió en una pila de carne humana anegada en un mar de sangre. Los hombres armados del Consell de Cent sólo actuaron cuando ya se había hecho el mal, entonces acordonaron la aljama e hicieron prisioneros a un buen número de rebeldes, bajo la promesa del veguer de ahorcar a los que estuvieran más implicados. El lunes, sin embargo, se produjo un tumulto de tanta intensidad que durante cuatro días ni tan sólo los oficiales de la Corte del Veguer se atrevieron a hacer acto de presencia. Continuó la matanza de judíos. La revuelta terminó cuando no quedó ningún hebreo vivo sin convertirse al cristianismo. Habían muerto asesinados trescientos judíos.

El rey, alertado de la situación, quiso hacer un escarmiento; pero sólo fueron ejecutados quince de los capitostes de la revuelta. A cambio de su benevolencia, ordenó que a los judíos les fueran retornadas las libertades y los privilegios y les eximió de tributos durante tres años (uno de ellos era mantener la colección de leones y fieras de la ciudad, que iba a cargo de la aljama). El Call, sin embargo, nunca más volvió a ser el barrio de los judíos. En pleno centro de Barcelona, por donde ahora pasean tantos turistas, se cometió una masacre. De hecho, si al caminar por aquellos callejones se presta atención, a veces todavía se pueden oír los lamentos... La calle de la Sinagoga Menor se llama actualmente Arc de Sant Ramon del Call, y no queda ningún rastro de la antigua escuela femenina judía que hubo allí, ni de la Casa de les Ànimes (Casa de las Almas), situada en el extremo de la calle, donde se comentaba que los espectros descarnados de los hebreos muertos en el asalto del Call buscaban refugio y velaban por todo lo que habían perdido.

Extinguido el barrio, los bienes colectivos de la comunidad judía dejaron de tener propietario legal, de manera que fueron expropiados por las autoridades barcelonesas. En el año 1403, las viviendas de la calle de Sant Honorat, junto a la plaza de Sant Jaume, fueron expropiadas y los terrenos se destinaron a ampliar la casa del Consell de Cent. De las sinagogas y del cementerio de Montjuïc, se aprovecharon los mármoles para los palacios de la Generalitat y del Lloctinent.

Desde que se cerró el Call, muchos judíos se instalaron en la calle de la Volta dels Jueus, cerca del actual Arc del Triomf (Arco del Triunfo). Allí habían vivido unos hebreos que se dedicaban al negocio de la ropa vieja y otros objetos usados. Fundaron la antigua feria de Bellcaire, pareja de la de Els Encants (Los Encantes), pero si en esta última sólo se vendían objetos viejos, en la de Bellcaire se encontraban artículos nuevos, aunque deteriorados o ajados, procedentes de establecimientos de primera mano y de ventas *en cante* o subasta. La antigua feria de Bellcaire estaba situada donde hoy se encuentra el paseo de Sant Joan, fuera del Portal Nou, es decir, muy cerca de la calle de la Volta dels Jueus.

Una antigua sinagoga fue convertida en templo de la Trinitat por un grupo de conversos. Es la actual iglesia de Sant Jaume, en la calle de Ferran. Desde el Call se llegaba a este oratorio por la calle dels Tres Llits, que sería una corrupción fonética de *trassalits*, nombre dado a los judíos conversos que abandonaban el Call.

Cuenta la tradición que un tal Jafà, un judío que impelido por las circunstancias abrazó el cristianismo, sentía con gran fervor la ley de Moisés. Tenía en casa un altar, el cual decoraba según la forma cristiana o según la ley mosaica, a conveniencia. Así pues, se pasaba el tiempo haciendo y deshaciendo el altar. De aquí vino el conocido proverbio: *«Fer la feina d'en Jafà, que fa i desfà»* («Hacer el trabajo de Jafà, que hace y deshace»).

Cuando llegó la orden de expulsión de los judíos por parte de los Reyes Católicos, pocos de ellos quedaban ya en Barcelona. Muchos habían huido después de la matanza del Call y otros se habían convertido al cristianismo. Los que se fueron, lo hicieron por la playa, embarcándose hacia destinos inciertos en los puertos de Salónica y Alejandría.

Fue un terrible y lastimoso suceso en toda la Península. Una multitud de personas desvalidas caminando por los senderos, muertas de hambre, agotadas, naciendo y muriendo en los márgenes, recorriendo España buscando fronteras o pueblos por donde salir al destierro.

No fue hasta la Revolución de Septiembre de 1868 que los judíos pudieron volver a España.

Y hasta la década de 1950, el domingo de Resurrección, los niños barceloneses, siguiendo una tradición que les enseñaban sus mayores, jugaban golpeando con fuerza unas mazas y haciendo girar ruidosamente unas carracas mientras gritaban que mataban judíos.

MARCÚS, EL CORREO

DURANTE unos años del siglo XIII ocupó el cargo de correo mayor de Barcelona un honrado emisario llamado Marcús. Se había iniciado en el oficio como mensajero a caballo y había conseguido ser correo mayor, es decir, empresario de toda la correspondencia que entraba y salía de Barcelona. También se hizo con el monopolio del correo marítimo del Mediterráneo. Estos negocios le proporcionaron una gran fortuna, por lo que cierto día recibió la visita del mosén de Santa Maria del Mar:

—Señor Marcús, mi parroquia necesita un cementerio para enterrar a los pobres feligreses, ya que no tenemos un terreno santo. Y ya que vos sois propietario de un huerto de moreras cercano a la iglesia, he pensado que haríais una gran obra si nos lo cedierais para ser utilizado como cementerio.

Marcús se quedó de piedra, pero reaccionó rápidamente y midió sus palabras, ya que un hombre de su categoría social no podía arriesgarse a quedar mal. Así que dijo:

—Gustosamente os cedo el huerto para vuestro cementerio. Sin embargo, pondré una condición por si en el futuro la iglesia decidiera utilizar este terreno para otras finalidades o bien optara por venderlo a terceros.

—¿Qué condición? —exclamó, sorprendido, el mosén.

—Si en quince días no se produce ningún enterramiento, se demostrará que la necesidad de un cementerio no es tan imperiosa y, por lo tanto, se anulará nuestro trato.

Dos semanas después de esta conversación, todavía no se había producido ningún fallecimiento, lo que resultaba bastante insólito, y Marcús acudió a la parroquia para anular el donativo. Miró el lugar satisfecho: se había salvado de perder aquella posesión y había conseguido quedar bien ante el párroco y la comunidad; pero, de repente, se puso las manos sobre el pecho y cayó a tierra fulminado por un ataque al corazón. Marcús murió en el patio de las Moreres. El mosén acudió, alertado, y confortó su alma. Después, muy afligido, el sacerdote volvió a la parroquia. Una vez recuperado del disgusto pensó en el huerto de las Moreres: había pasado el plazo señalado y, por tanto, se había anulado la donación. «Un momento», se dijo súbitamente, «en realidad, aún no se han cumplido los quince días». Y, así era, en efecto, ya que todavía era por la mañana y la visita que él hizo a Marcús para pedirle el terreno fue por la tarde; lo recordaba con precisión porque fue al terminar la oración de vísperas. Se quedó pensativo, hasta que exclamó:

—¡San Pablo bendito! Marcús ha venido a ratificar su donación, no a anularla; por eso ha traído el cadáver que se tenía que enterrar. ¡Su propio cadáver!

Y así fue cómo Marcús se convirtió en la primera persona enterrada en el que, desde entonces, se llamó el Fossar de les Moreres, donde siglos después serían enterrados los caídos en la defensa de Barcelona. En la calle de Montcada se conserva una pequeña capilla muy bonita. La sufragó el correo mayor. Es la capilla de Marcús.

LA ESCLAVITUD

LA economía de Roma estaba basada en la esclavitud, hasta tal punto que cuando las legiones romanas dejaron de conquistar nuevos territorios, empezó a faltar la mano de obra. Éste fue uno de los factores importantes en la caída del imperio.

En Roma, las personas privadas de libertad no recibían el nombre de esclavos, sino de *servum*, que quería decir «individuo al que se le debe conservar la vida para que trabaje».

La esclavitud no se abolió bajo el poder de visigodos y árabes; y fue durante el siglo XII cuando se abandonó el término *servum* y se pasó a llamar a los trabajadores no libres «esclavos». Esta palabra procedía de «eslavo» porque muchos cautivos eran eslavos procedentes de las costas del mar Negro.

En la Edad Media, la mayoría de esclavos en Barcelona eran prisioneros de guerra o cautivos de razias efectuadas contra los musulmanes. Los sarracenos actuaban de la misma forma; de hecho, cuando Almanzor atacó la ciudad hizo cautivos a centenares de barceloneses, incluido el obispo.

Los esclavos también se podían comprar en los mercados. Chipre suministraba moros, turcos y eslavos. Otros zocos orientales proporcionaban griegos, armenios, rusos, tártaros, bosnios y croatas. Por su parte, las ciudades de Mallorca, Valencia y Sevilla ofrecían esclavos negros que traían los mercaderes de la zona que hoy conocemos como Marruecos.

Los cautivos musulmanes, mayoritariamente hombres moros, eran subastados cerca del puerto o en alguna de las plazas públicas de la ciudad cuando volvían las flotas de combate.

En el año 1431 estaban empadronados en la Ciudad Condal 1.255 esclavos. Y es que Barcelona, como la ciudad mercantil que era, consolidó parte de su riqueza con el tráfico de esclavos destinado a los mercados cordobeses.

Los esclavos se dedicaban a todo tipo de actividades, trabajos y tareas domésticas y, a veces eran apreciados por el hecho de dominar determinadas técnicas u oficios desconocidos en el país. Los esclavos, como en la antigua Roma, podían conseguir la libertad a cambio del pago de una determinada cantidad. Muchos de ellos mejoraron progresivamente su posición social, llegaron a adquirir prestigio como profesionales y se integraron plenamente en el mundo de la menestralía.

En ocasiones, la llegada de un número elevado de esclavos amenazaba con dificultar la obtención de un empleo para los obreros de la ciudad; por eso, los estatutos de los oficios limitaban el número de los esclavos que podía tener cada taller. En el año 1350, se había impuesto a los barqueros que cargaban y descargaban los barcos del muelle de Barcelona la obligación de no tomar más de dos esclavos por amo. En el año 1453, los coraleros, los fabricantes de joyas y botones de Barcelona sólo tenían derecho a dos cautivos, un hombre y una mujer.

Por otro lado, los comerciantes que obtenían beneficios sustanciosos de la venta de productos de alta calidad, que eran una especialidad de su ciudad, velaban celosamente para impedir que espías o esclavos liberados difundieran sus artes, técnicas e instrumentos en otras ciudades. En Barcelona, los sarracenos no podían servir en talleres batidores de oro y plata, ni en el de los orfebres. Ningún esclavo podía adquirir hilo de plata, piedras preciosas ni oro; de hecho, los orfebres y caldereros tenían prohibido vender a los sarracenos «todo objeto de metal, nuevo o viejo, intacto o roto»; y los drogueros no podían enseñar su oficio a tártaros ni a turcos.

Para eludir el quinto real, un impuesto sobre las capturas del mar, los corsarios cristianos escondían a sus prisioneros en lugares secretos o los desembarcaban de noche en una playa desierta, lejos de toda vigilancia; seguidamente, los dejaban a cargo de traficantes o pasadores, que los conducían por caminos de montaña. De este modo, la suerte de los esclavos se decidía mediante acuerdos privados, entre particulares, sin intervención de la comuna o del príncipe. Este reparto de las capturas entre armadores, financieros y corsarios provocaba que, a veces, un sarraceno perteneciera a dos o tres amos. En Barcelona, el patrón de una barca declaró que debía a un comerciante de la ciudad una suma de dinero equivalente a la quinta parte de un sarraceno y a la mitad de otro.

Obviamente, muchos esclavos intentaban escapar de la cautividad. La huida de sarracenos tuvo tal magnitud en Catalunya que se temía que faltaran brazos en los talleres. Por otro lado, las hermandades de esclavos liberados de Barcelona recogían y criaban a los hijos nacidos en cautividad.

Los cautivos procuraban huir de sus amos, de los guardianes de las puertas y de las fronteras, y se refugiaban en el reino de Granada antes del año 1492, y, después de esta fecha, en las tierras todavía pobladas densamente por comunidades musulmanas en el Bajo Aragón y el Maestrazgo. Pero el destino predilecto era Francia: el condado de Foix, Carcasona, e incluso Tolosa, lugares donde los fugitivos eran inmediatamente considerados hombres libres. Sin embargo, a menudo acababan como siervos de la gleba.

Cristianos extranjeros, especialmente vascos y gascones, se dedicaban a preparar y dirigir evasiones de esclavos y lo cobraban con creces, ya que, a veces, mataban a los prófugos para robarles. La gravedad de la situación era tal que la Generalitat creó un seguro obligatorio de huidas de esclavos. Así, se organizaron servicios de vigilancia en los caminos y se persiguió a los cautivos fugados; Catalunya estaba dividida en veinte sectores, cada uno de los cuales dispuso de una decena de hombres a pie o a caballo. Los propietarios tenían que declarar cuántos esclavos tenían y debían cotizar una prima anual. El fondo pagaba regularmente a unos agentes, denunciantes titulares, que estaban apostados en los caminos y en las salidas de las ciudades; además, se prometía sustanciosas recompensas a los informadores y a sus jinetes si perseguían a los sarracenos más allá de las fronteras, los capturaban y los hacían volver a la fuerza, o bien si negociaban su regreso con los senescales y los consejeros municipales en Francia. El seguro también indemnizaba a los propietarios de esclavos perdidos.

Los sarracenos recuperados eran restituidos a sus amos a cambio del pago de los gastos de custodia y del derecho de aguas navegables *(drictus aquarum navalium)*, que variaba en función del número de ríos cruzados durante la persecución. Aquellos que no eran reclamados por nadie se vendían en subasta pública. A los esclavos culpables de haber colaborado en evasiones, les cortaban las orejas.

SAN ROC Y SU PERRO

AN Roc era el patrón de los sepultureros, porque su advocación tenía relación directa con la roca o cueva donde Cristo había resucitado. El santo nació en Montpellier a finales del siglo XIII y dedicó parte de su vida a cuidar a los apestados e, incluso, resucitó a algunos de ellos. A raíz de las plagas que asolaron Europa, su figura se consolidó como sanadora de enfermedades y su culto se extendió por la franja mediterránea. Durante la fiesta del santo decían que las piedras crecían.

Según cuenta la tradición, Barcelona vivió un largo período de riqueza, hasta que un día sobrevoló la ciudad un pajarraco negro que graznaba de un modo estremecedor y sobresaltó a toda la población. La presencia de aquel avechucho que volaba en círculos fue considerada como una inequívoca señal de mal agüero. El ave, que resultó ser un cuervo, cayó en medio de la plaza de Sant Jaume y, al reventar, su cuerpo desprendió tal pestilencia que nadie quiso acercarse por temor a morir asfixiado. Aquel bicharraco ocasionó una gran peste: la población moría como moscas y no tan sólo se dejaba desatendidos a los enfermos, sino que se huía de ellos.

La noticia de esta espantosa calamidad llegó al mundo entero y san Roc se apresuró a socorrer a los barceloneses, así como a ayudar a los pobres enfermos que yacían abandonados en medio de la calle. Pero, al fin, también él se contagió del terrible mal y todo su cuerpo se llenó de úlceras purulentas. Los propietarios de la casa donde se hospedaba, temerosos del contagio, lo echaron, por lo que tuvo que buscar refugio al pie de la torre que da entrada a la calle del Bisbe. Un can que pasaba por allí se compadeció de él y le lamió las llagas durante todo el tiempo que san Roc estuvo enfermo. Para que se pudiera alimentar cada día, el perro robaba un pan de la casa-tahona de sus amos y se lo llevaba al pobre apestado. Aquel animal se encariñó tanto con el santo que permaneció con él hasta el fin de sus días. La voz popular dice que el perrito de san Roc recorría diariamente Barcelona sin olvidarse una sola calle; por eso, los ancianos, cuando encontraban un trocito de pan, lo recogían y lo ponían en un rincón para que el perro de san Roc se lo comiera al pasar por allí. Se creía que aquellos que daban de comer al can, quedaban a salvo de contraer cualquier mal contagioso y de ser víctimas de animales trastornados, por eso se le invocaba contra la rabia. También se decía que al día siguiente de la onomástica de san Roc era san Perro y muchos barceloneses se postraban ante la imagen del santo, pero no para orarle a él, sino al can. Tal fue la devoción que la festividad del santo era el único día en que los perros estaban autorizados a entrar en las iglesias; el resto del año esto estaba prohibido, porque se creía que una de las transformaciones preferidas del demonio era tomar la figura de un perro. En las escaleras de la Biblioteca de Catalunya se conserva un san Roc de piedra con su can.

La peste negra

PARECIÓ un caballo bermejo y quien lo montaba tenía por nombre la Muerte. La acompañaba el infierno, y tenía otorgada la potestad sobre la cuarta parte de la Tierra para matar con la espada, el hambre, la peste y las fieras...»

Incendios, eclipses, tempestades, terremotos y cometas eran signos inequívocos de cambios para el hombre medieval. Y las palabras del Apocalipsis escritas más arriba fueron repetidas por muchos con voz trémula cuando se declaró la espantosa epidemia de la peste negra.

Según el parecer del gran poeta Petrarca, «las generaciones futuras nunca podrán llegar a creer lo que ha sucedido. Ésta es una de las peores catástrofes de la historia».

La peste era una enfermedad de roedores. La pulga de la rata se transmitía entre estos animales, pero los seres humanos podían contraer la enfermedad si tenían pulgas; algo habitual entre la población de las ciudades medievales, dada la insalubridad de las calles que eran frías, húmedas, poco ventiladas y donde rara vez alcanzaba la luz del sol. Tampoco ayudaba el hecho de que el espacio del hombre estuviera compartido con un gran número de animales domésticos. Y a todo esto se añade que no hubo cura para la peste hasta que, siglos después, se descubrieron los antibióticos. En total, una tercera parte de la población europea murió, lo que supone, más o menos, entre veinticinco y cuarenta millones de personas.

El apocalipsis empezó a principios del año 1347 en Crimea. Allí se encontraba un enclave comercial que fue asediada por un ejército de tribus mongolas, entre ellas los kipchak de Hungría, que fueron responsables de traer un nuevo tipo de peste que se propagó, debido a las condiciones de vida provocadas por el asedio, y mató a algunos soldados. Al jefe de los kipchak se le ocurrió, entonces, que podía tornar la desgracia en fortuna catapultando cadáveres infectados al interior de la ciudad genovesa y, ciertamente, aquellos ciudadanos no estaban inmunizados contra dicha peste y empezaron a morir. En aquellas fechas, uno de los barcos genoveses consiguió romper el bloqueo y navegó hasta Mesina, en Sicilia; en su bodega transportaba la plaga, con lo que la enfermedad se convirtió rápidamente en una epidemia. Sólo en dos meses, la peste negra mató a la mitad de la población de Mesina. La enfermedad se expandía a una velocidad de once kilómetros diarios.

La afección se detectaba por la aparición de bubones y provocaba la muerte en una semana de entre el cuarenta y el noventa por ciento de los infectados.

El 14 de mayo del año 1348, se convocó en Barcelona una procesión para rogar a Dios que pusiera fin a tamaña mortandad. Por otro lado, algunos peregrinos fueron atacados por ciudadanos que creían que la enfermedad era debida al envenenamiento intencionado de los pozos. Esta idea se extendió y la multitud, desesperada, creyó que tanto el aire como el agua estaban empozoñados, así que se encaminaron al call judío, saquearon las casas y asesinaron a sus habitantes. El rey pidió que ningún eclesiástico enardeciera los ánimos con proclamas antijudías.

A finales de mayo la situación era desoladora: los almacenes y las tiendas de alimentación permanecían cerrados por defunción de los propietarios; los cementerios estaban llenos de cadáveres y no había suficiente personal para enterrar a los muertos. Lo peor de todo, no obstante, era la extraña sensación de que la mortandad no tenía fin y de que la peste aniquilaba a todo el mundo. Parecía que se hubiera abatido sobre la tierra un mal global, universal. Un mal apocalíptico. Los predicadores señalaron que Barcelona estaba bajo el signo del maligno. Y sobre la sociedad cayó un gran sentimiento de culpa.

La gente moría sin recibir la absolución, sólo se les colocaba una cruz sobre los pies y, además, no había suficientes crucifijos para despedir a tantos muertos. Por eso, en los entierros sumarios, el sacerdote levantaba verticalmente una espada que sostenía por el filo y presentaba la cruz de la empuñadura como si fuera un símbolo religioso.

En los círculos universitarios se creyó que la causa de la enfermedad era la astrología. Según la universidad de París, a la una de la tarde del 24 de marzo de 1345, los planetas Marte y Júpiter entraron en el signo de Acuario, y empezaron a interaccionar uno y otro con el planeta Tierra. Júpiter, caliente y húmedo, lanzó humaredas malignas; Marte, caliente y seco, las absorbió y quemó.

Las recomendaciones que se hacían para evitar la epidemia no servían de mucho. Se decía que si las temperaturas aumentaban bruscamente, se tenía que regar la tierra con vinagre, llevar vestidos de seda o lino, beber zumo de naranja, de limón o vino de poca graduación y tener las ventanas abiertas hacia la tramontana, el viento del norte. Si había un exceso de frío, las ventanas tenían que ser abiertas hacia mediodía, se debía hacer hogueras con romero y hoja de olivo, llevar vestidos de lana fina, practicar ejercicio, comer salsas y coles y beber vino griego.

La esposa del rey, Eleonor de Portugal, murió apestada. También se infectaron y fallecieron todos los miembros del Consell de Cent (la institución de gobierno de la ciudad); además de cuatro consejeros de la Generalitat.

A causa de las grandes pestes del siglo XIV, la mentalidad de la población cambió y los cementerios, que hasta entonces habían sido lugares abiertos donde se realizaban las más diversas actividades lúdicas, se convirtieron en lugares alejados y malditos.

Una de las consecuencias de la peste fue que millones de piezas de ropa quedaron sin utilizar. Hacia finales de siglo se descubrió un nuevo uso para toda aquella tela que sobraba: hacer papel de trapo. Este material servía para diferentes finalidades, pero hacia 1450 había un gran excedente de dicho papel y su precio cayó en picado. Gutenberg, que no era rico, pudo acceder al papel de trapo, dado que resultaba mucho más barato que el pergamino o la vitela. Gracias a que la densidad de este papel era más fina que los anteriormente citados, el prensado de los libros resultaba más sencillo y los tipos de letra quedaban impresos con mayor claridad.

La invención de la imprenta, la fácil disponibilidad del papel de trapo, la aparición de un gran número de manuscritos antiguos de gran calidad procedentes de Bizancio... todos estos elementos conjugados hicieron posible la propagación del Renacimiento. El libro impreso, mucho más barato, llegó a muchos más lectores. Las ideas olvidadas, ignoradas o suprimidas durante siglos, y los nuevos puntos de vista llegaron muy lejos. El libro impreso, gracias al bajo precio de la ropa sobrante, se convirtió en el más subversivo de todos los inventos y se utilizó para derribar viejas instituciones y creencias; en parte, gracias a la peste negra.

LA LLEGADA DE LOS EGIPCIOS

TIMUR Lang, llamado también Tamerlán, el Tigre, el Bebedor de Sangre, el Dueño del Mundo, conquistó la India. Al noroeste de aquel subcontinente, al pie de las montañas nevadas de los Himalayas, se encuentran las regiones del Punjab y del Sinth, y muchos de sus habitantes, que tuvieron que huir ante el imponente señor de las estepas, viajaron siguiendo al Sol hacia occidente.

Antes del año 1000, de hecho un par de siglos antes de que el Bebedor de Sangre irrumpiera en la India, el Islam, que ya señoreaba hasta el al-Andalus, también invadió el subcontinente y ocasionó una primera migración hacia el oeste. Algunos de los pobladores de aquellas regiones tuvieron que convertirse en nómadas a la fuerza, eran el pueblo *rom,* que significa «hombre, esposo»; nosotros los conocemos por el nombre de «gitanos». Cuando pasaron por Persia, aprendieron magia gracias a los miembros de una antigua casta religiosa. Después atravesaron el Bósforo, y en el año 1425 cruzaron los Pirineos y entraron en Barcelona. Desde aquí se expandieron por España, sobre todo por Andalucía, donde actualmente se concentra la población más importante de gitanos de toda Europa Occidental. Cuando llegaron a Catalunya, el rey de Aragón, Alfons el Magnànim (Alfonso el Magnánimo), les concedió una cédula de paso. Decía así, traducido del catalán:

«A los nobles y amados gobernadores, vegueros y subvegueros, alcaldes, oficiales y súbditos nuestros, a los guardias de los puertos y lugares vedados de nuestros reinos y tierras, a quien las letras presentes sean presentadas: salud y afecto. Como el amado y devoto nuestro don Juan de Egipto menor tiene nuestra licencia yendo en diversas partes, para pasar por algunas zonas de nuestros reinos y tierras, y queremos que sea bien tratado y acogido, os decimos y ordenamos expresamente bajo el peligro de despertar nuestra ira e indignación, que el mencionado Juan de Egipto y los que con él irán y acompañarán, con todas sus cabalgaduras, ropas, bienes, oro, plata, esclavos, puedan pasar por nuestros dominios, ciudades, villas, lugares y otras partes de nuestra señoría, sanos y salvos. Con este salvoconducto, el cual queremos que dure durante tres meses. Dado en Zaragoza bajo nuestro sello, a 21 día de enero. En el año de la natividad de Nuestro Señor de 1425».

Así fue como llegaron. Juan y Tomás, como se hacían llamar los caudillos de los gitanos, ostentaban los títulos de condes de *Egipto Menor*. De esta apelación, Egipto Menor, saldría la palabra gitano como conocemos a los *rom*. Poco a poco, el mito del origen egipcio fue aceptado como auténtico. Esta leyenda, que los gitanos promovían sobre su origen egipcio en lugar de hindú, les hacía más fácil conseguir salvoconductos y recomendaciones de príncipes, reyes e, incluso, del Papa, ya que el prestigio de Egipto en la Biblia, así como de las historias de persecuciones sufridas por los cristianos en aquel país sensibilizaba a los poderosos.

Al principio, cuando llegaron a la península Ibérica, los gitanos fueron bien acogidos. Los campesinos los miraban con simpatía y comerciaban con ellos. También apreciaban sus habilidades artesanas y su facilidad para el entretenimiento y la diversión. Además, trabajaban la forja y tenían grandes conocimientos de los caballos, motivo por el cual se instalaron en los barrios de Gràcia, el Raval y Hostafrancs que, antiguamente, se ubicaban en las entradas de la ciudad amurallada, lugares, pues, idóneos para dedicarse a la reparación de carros. A diferencia de lo que ocurrió en otras partes de España, los gitanos barceloneses enseguida abandonaron el nomadismo y aceptaron la vida urbana. La calle del Salvador, en el Raval, fue poblada completamente por gitanos durante centurias. Todavía hoy vive allí una nutrida comunidad. Otros oficios a los que se dedicaban los gitanos eran los de marchantes de animales, esquiladores, herradores, vendedores de telas baratas y de ropa usada. La convivencia con el resto de barceloneses dio como fruto un pastel: el famoso brazo de gitano. Este dulce no se glaseaba, sino que el azúcar se quemaba ligeramente y daba al bizcocho un peculiar tono dorado que recordaba al de la piel de la gente gitana. Por eso se bautizó con este nombre a estos pasteles.

El tiempo de las brujas

ABÍAN llegado unos tiempos oscuros surcados por epidemias incurables, deformaciones, hambre, guerras, calamidades naturales, plagas de langostas, heladas. La vida era breve y precaria. En general, las mujeres vivían muchos menos años que los hombres, dado que los partos provocaban estragos. Las casas no se ventilaban y el hedor era habitual. El peso de la Iglesia y de la nobleza era aplastante. Y los antiguos conocimientos que habían conservado generación tras generación las mujeres y los hombres sabios conectados con la naturaleza, se mezclaban con la superstición.

En la taberna de Sant Ciril, junto a la calle de los Banys Vells (Baños Viejos), hacían unas cataplasmas con vino negro hervido con golondrinas; decían que curaba las enfermedades de los ojos y eliminaba los encantamientos hechos con la mirada. Las golondrinas en Roma eran consideradas pájaros relacionados con la renovación de la primavera.

En otros tugurios vendían conejos negros y grandes arañas cuya tela cauterizaba heridas; *pedres escurçoneres* (piedras escorpioneras) que servían contra la mordida de serpiente, o excrementos especiales para embrujos. Los huesos de los ahorcados y su grasa se vendían a buen precio cerca de los Banys Vells.

Los huesos de los condenados tenían el poder de atraer la buena fortuna y las astillas de la patíbulo untadas con sangre del reo servían para atar amores. Cuando el verdugo tenía que descuartizar a alguien sabía que no faltaría quien comprara la grasa del pobre desgraciado para confeccionar velas mágicas, imprescindibles en rituales de captación de gloria y fortuna. En concreto, la grasa extraída de las manos cortadas de los ladrones se creía que tenía el poder de equilibrar la vida mediante fórmulas rituales recitadas por el verdugo.

Los gibosos intentaron ejercer de titiriteros, ya que la particularidad del oficio evitaba que mostraran su deformación. En la desaparecida calle de los Jorobados, fueron objeto de todo tipo de rumores insidiosos y se llegó a decir que eran hechiceros y, como sus títeres, espíritus humanos cautivos. Y es que en aquella época, las malformaciones físicas acostumbraban a relacionarse con representaciones diabólicas.

Era sabido que las brujas no podían hacer hechizos durante el día. Tenían que esperar hasta después de la llamada al Ángelus, al atardecer. Respecto a los hechiceros, se decía que, ayudados por el diablo, propagaban la peste tirando aceites embrujados en las pilas de agua bendita.

No hace mucho tiempo, aún pervivía la costumbre de decir los responsorios de la muerte cuando se quería dañar a una persona. Quien los recitaba hacía arder un cirio hacia abajo y, al mismo ritmo que se consumía la cera, se iba minando la salud de la persona a la cual iban dirigidos. También solía hacerse cuando se había recibido algún mal o perjuicio y no se sabía quién era el causante.

Aquellos que habían nacido en la noche de Navidad o de San Juan tenían una virtud curativa especial, que era mayor si el nacimiento se había producido a las doce en punto. Se les llamaba *saludadores*, y se creía que tenían una cruz marcada en el paladar y que podían curar por gracia, es decir, por arte divina. Algunos decían que sólo podían sanar la rabia producida por mordedura de perros rabiosos.

Los chupadores habían nacido el día de San Judas y poseían mayor virtud si el natalicio había tenido lugar durante las horas diurnas. Tenían una mancha roja, como de sangre, en la parte interna de la garganta. Curaban las heridas chupándolas, aunque éstas fueran muy gangrenosas.

Los siglos XVI y XVII fueron un período extraño. Hizo tanto frío que aquello fue como una pequeña época de glaciación. En particular, el 1617 fue conocido como el año del diluvio. También durante aquellas centurias, las olas del mar crecieron hasta alcanzar la calle Ample. Y caía piedra del cielo que destrozaba las cosechas; además, la peste reaparecía a menudo, cabalgando con la guadaña de la muerte. Era una época extraña, llena de fenómenos que parecían sobrenaturales. Al tiempo, las hambrunas, guerras y epidemias vaciaron Catalunya, mientras que las nuevas rutas oceánicas terminaron por arrinconar al país.

Significativamente, a lo largo de los siglos había pervivido una tradición pagana: el culto a Diana, diosa de los bosques, de la naturaleza salvaje, de la caza y de la luna. Su adoración, probablemente, estaba vinculada a la ya mencionada brujería, que no era sino un saber mágico oculto y que se transmitía oralmente. A su vez, grupos de oprimidos que se rebelaban contra la autoridad fueron acusados de rendir culto al diablo y para salvar su vida se tuvieron que ocultar; así nacieron los ocultistas.

Al fin y al cabo, cuando había revueltas populares era fácil acusar a las remediadoras, saludadoras, curanderas, elaboradoras de pociones y herbolarias y desviar, así, la mirada del pueblo. De esta manera, los nobles le continuaban explotando, pero dejando algunas válvulas de escape.

Entre 1563 y 1578, la Inquisición quemó en Barcelona a más de cuarenta ciudadanos; y entre 1616 y 1622 fueron ahorcadas más de cuatrocientas personas en toda Catalunya, la mayoría de ellas eran mujeres. Ellas fueron el chivo expiatorio, los judíos del siglo XVII.

EL MAESTRO DE LAS FUENTES

CUENTA la leyenda que junto a uno de los huertos del Raval de Barcelona donde había una fuente, se erigió una pequeña capilla dedicada a santa Margarida, con una imagen de la virgen tallada en un modesto retablo. Más tarde, al urbanizarse la zona, se establecieron allí algunos burdeles y los clientes iban a la fuente a lavarse los genitales. La santa, escandalizada desde su retablo, obró el milagro de secar la fuente. Esto ocurrió cerca de la calle de Barberà y el lugar en cuestión recibió el nombre de calle de la Font Seca (Fuente Seca).

Secar fuentes era, quizá, un castigo demasiado severo para los pecadores de una ciudad que no siempre tenía toda el agua que necesitaba.

Coincidiendo con el desastre de la *Guerra dels Segadors*, el verano del año 1646 fue de una sequía extrema. No cayó ni una gota de lluvia en Barcelona. El 14 de agosto, después de tres meses sin que ni siquiera lloviznara, los consejeros decidieron volver a la antigua costumbre de sacar en procesión la reliquia de san Sever con la asistencia de todas las cofradías.

Al año siguiente, la sequía aumentó gravemente las desgracias de la población. Los consejeros acudieron con rogativas públicas a santa Madrona, pero el cielo parecía indiferente a las súplicas de los devotos.

La sequía prosiguió y en septiembre de 1648 las enfermedades ya habían asolado la ciudad. Fue entonces cuando se organizó una gran manifestación religiosa en honor de santa Madrona. El cuerpo venerado salió en procesión y durante más de diez días se postraron ante la intercesora los padres de los conventos de Sant Francesc, Sant Agustí, de la Mercè, de Sant Sebastià, de la Trinitat, del Mont Calvari, del Bonsuccés, de Sant Josep y de Santa Mònica, subiendo todos ellos hasta el convento que la Santa tenía en Montjuïc, ejemplo que siguieron los consejeros y hortelanos preeminentes. Al cabo de cuatro días de estar expuesto el cuerpo de la santa en el altar mayor, «cayó un buen aguacero y continuó lloviendo poco o mucho, hasta que hubo cumplimiento».

En aquellos tiempos, el agua suministrada a la ciudad de Barcelona procedía de Montcada, igual que en la época romana, cuando existía un acueducto. También se captaba agua de diferentes minas de Collserola. A veces, el Consell de Cent contrataba a zahoríes que exploraban la sierra con horquillas de madera para descubrir nuevos manantiales. La ciudad crecía y el agua nunca sobraba, a menudo, debido a los particulares, puesto que las casas nobles, los conventos y las instituciones disponían del agua como de un privilegio.

El encargado del aprovisionamiento de agua y del mantenimiento de las cañerías era el *mestre de les fonts* (maestro de las fuentes). Durante treinta y un años del siglo XVII, el maestro fue Francesc Socies, un hombre de gran vocación y celo en el afán de proveer de agua a Barcelona. El maestro habla en un informe detalladísimo sobre un conducto obturado y, humildemente, hace referencia a sí mismo en tercera persona:

«Es necesario abrir este reposador cada cuatro años, porque la cañería está taponada por unas raíces que entran y que dentro del agua se hacen muy largas. Ésta era la causa de que el agua faltara en las fuentes de la ciudad; no se sabía dónde estaba detenida, ni si era dentro o fuera de la ciudad. El maestro Socies pidió licencia a los señores consejeros para abrir los tres reposadores y los encontró llenos de raíces y posos calcáreos. Por ello hemos de recordar la necesidad de revisarlos cada cuatro años».

A pesar de su bondad, el maestro Socies pasó por la triste experiencia de ser excomulgado por el capítulo catedralicio.

Durante una época de sequía, el maestro Socies cortó el suministro a los claustros de la catedral y a otras dependencias de la iglesia, alegando que «la ciudad de Barcelona es dueña y señora de las aguas que llegan a sus fuentes. La ciudad se encarga de ellas y las distribuye donde son necesarias, teniendo la libre y general administración sin tener que rendir cuentas a nadie».

Ésta era la disposición del Consell de Cent, pero el consistorio se sobresaltó ante la reacción de los clérigos de la catedral. Fue entonces cuando el Consell invitó a reunirse en la casa de la ciudad a los más ilustres teólogos de todos los conventos barceloneses. La sesión debió de ser solemne y espectacular, porque acudieron un centenar de frailes. Después de las deliberaciones, el parecer fue favorable a Socies y al municipio, y adverso a la validez de la excomunión.

El maestro Socies velaba por el buen aprovisionamiento de la ciudad. En otra ocasión, una de las derivaciones del agua que entraba en Barcelona lo hacía por el Estudi General (Estudio General), la antigua universidad. En uno de los ángulos del aula de leyes había un grifo que se había instalado para llevar a cabo el ritual de lavarse las manos cuando se celebraban los actos solemnes de concesión de grados. El maestro Socies hizo cuanto pudo para evitar el derroche que se producía en aquella fuente. Los bedeles del Estudi vendían el agua a los vecinos de las calles de la Canuda, de Santa Anna y de Tallers e, incluso, se atrevieron a dar permiso a las lavanderas y a las amas de casa para lavar la ropa en la fuente, aprovechando, naturalmente, la ausencia de doctores, catedráticos y jurisconsultos. Con aquel abuso peligraba el suministro del Hospital de la Santa Creu, que tomaba su canalización más abajo que el Estudi General.

No toda el agua, sin embargo, procedía de las fuentes canalizadas. El agua mineral de la época la traían los aguadores, que iban a buscarla a las fuentes de los alrededores, como la del Ferro (Hierro) y la de la Magnèsia, cercanas al Monasterio de Pedralbes y consideradas medicinales. También se vendía agua de la fuente de la Puda, del barrio de Can Tunis, y de la fuente Pudenta de la falda de Montcada. El agua siempre se transportaba en botijos de arcilla decorados, que se cargaban en alforjas de esparto sobre borricos engalanados. Los aguadores hacían su pregón: *«¡Agua de la fuente del Ferro, chicas...!»*.

Además, la ciudad tenía numerosos pozos, por lo que la gente sólo acudía a las fuentes públicas para beber. El agua de los pozos del interior de las casas se sacaba a través de ventanas abiertas en los rellanos de la escalera. Los instrumentos usados para extraer el agua consistían en un gancho de hierro, una soga de esparto y una polea de hierro y madera, que era de propiedad y régimen vecinal. El mantenimiento del pozo se hacía rotativamente, así que cuando había una avería le tocaba al vecino de turno solucionarla y los gastos se repartían a tanto por cabeza. Hacia el mes de mayo era frecuente tirar al pozo una o más anguilas de agua dulce que *se comían* los humores del agua y la purificaban. Cuando caía un cubo al agua se sacaba con la ayuda de un utensilio llamado «*cercapous*» (buscapozos). Se trataba de una argolla de hierro de la cual colgaban unas cadenas con diversos garfios. Había de una sola pieza de hierro que formaba cuatro ganchos, llamado «*rinxó*» o «*aranya*».

En muchas revueltas el pueblo había utilizado las cuerdas y sogas de los pozos para atarlas al cuello de aquéllos a quienes odiaban y, así, arrastrarlos por las calles. Éste es el motivo por el cual los pozos públicos fueron tapiados.

En otros tiempos, el sabor del agua de Barcelona era apreciable, especialmente la de una fuente, la de Canaletes. Era tan gustosa que incluso algunas reinas la probaron y se afirmaba, sin ningún atisbo de duda, que quien bebía el agua de la fuente de Canaletes se convertía inmediatamente en barcelonés. Los tiempos han cambiado.

L'*OU COM BALLA*
(EL HUEVO QUE BAILA)

EL huevo representa el estallido de la fecundidad, de la vida que renace, un anuncio de la plenitud primaveral. En Alemania, durante la fiesta de resurrección de Cristo, los niños buscan por casa huevos de colores escondidos por la liebre de Pascua. En Catalunya, los huevos decoran las tradicionales monas (tortas con base de bizcocho cuya degustación simboliza el fin de las abstinencias de la Cuaresma) que los padrinos regalan a sus ahijados. Pero el huevo también tiene una vertiente mística: representa al alma y a todo aquello que es en potencia y se concreta después. La nada previa al estallido del universo era, en realidad, todas las posibilidades que esperaban concretarse.

Barcelona es una ciudad que hace bailar huevos: la víspera del Corpus, en muchas pequeñas fuentes de los patios del barrio Gòtic, los huevos giran sobre sí mismos impelidos por un chorro de agua, como si danzaran. Realmente, parece una poesía visual de Joan Brossa.[5]

[5.] Poeta catalán (Barcelona, 1919-1998).

L'ou com balla (el huevo que baila) es una antigua y bella tradición propiamente barcelonesa. Consiste en colocar un huevo vacío dentro de la pila de un surtidor, de manera que cuando el huevo va a parar al chorro de agua, éste lo eleva consiguiendo que, como decíamos antes, gire sobre sí mismo. El contorno del chorro del surtidor se decora con una cesta de plantas y frutas que evita que el huevo caiga al suelo. Hay quien dice que el huevo representa visualmente la Eucaristía del día del Corpus; y es que el huevo, blanco como la Sagrada Forma, se eleva sobre las flores del surtidor como si éste representara el cáliz adornado de cerezas rojas como rubís.

Según una explicación tradicional, en la Edad Media, los barceloneses del Pla de la Ribera —un lugar donde se mantenía fresco el recuerdo de las justas y torneos que los caballeros celebraban en el Born— estaban muy orgullosos de su barrio y, especialmente, de la espléndida sede de Santa Maria del Mar. Pero había una jornada en que se sentían mortificados: el día del Corpus. Y es que la procesión que se celebraba partía de la catedral y tardaba mucho en llegar hasta su bella iglesia. En aquella importante festividad, los ciudadanos nobles de la calle de Montcada invitaban a sus palacios a amigos y conocidos, pero todos ellos se aburrían de tanto esperar a la procesión y se impacientaban. Por este motivo, era necesario inventar un entretenimiento que fuera original y mágico para las visitas, y así nació *l'ou com balla*.

EL DOCTOR PAN Y AGUA

UNA fuerte tempestad azotaba el mar y el capitán del barco decidió hacer una petición a un hombre vestido con harapos. El desharrapado dirigió una profunda mirada al capitán, bendijo las aguas serenamente y el mar se calmó. Aquel hombre se llamaba Josep Oriol y era la persona más santa que ha tenido Barcelona. Nació en una familia muy humilde, pero su inteligencia le abrió diversas puertas y consiguió doctorarse en teología. Fue el día en que le ordenaron sacerdote cuando descubrió que tenía el don de curar, por lo que consagró su vida a ayudar a los enfermos, eliminando la enfermedad de sus cuerpos gracias a su poderosa fe. También ayunaba y, por eso, le llamaban doctor Pan y Agua. En la época en la que calmó las aguas del mar, había anhelado el martirio predicando la palabra de Cristo en tierras lejanas, pero una visión le hizo ver que su destino estaba al lado de los enfermos. Desde entonces, cada tarde curaba en la iglesia del Pi. A los dolientes les pedía que tuvieran fe en Dios y si éstos respondían afirmativamente, les santiguaba con agua bendita o les ponía las manos sobre su cuerpo, tras lo cual muchos se sentían, repentinamente, curados; después, les rogaba que rezaran. Enfermos de toda Catalunya acudían a la plaza del Pi, que se llenaba de cojos, ciegos, paralíticos, sordos y enfebrecidos. Si Josep percibía que los enfermos estaban espiritualmente preparados, los santiguaba, rezaba por ellos y los hacía partir. Algunos de ellos sanaban lentamente, por lo que tenían que ir varias veces a recibir la bendición del doctor Pan y Agua. Josep Oriol dejó escrito que su manera de rezar estaba íntimamente unida al don de sanar. Sanar era parecido a mirar sin esfuerzo, poniéndose en un estado pasivo, quieto, suave. En este estado se disponía a ser penetrado más que a penetrar, a ser poseído que a poseer. Un estado ideal para afrontar la inaprehensibilidad de Dios, el cual no se puede alcanzar a través de la inteligencia, sino sólo mediante el afecto. El amor entra allí donde la comprensión se queda a las puertas, convirtiéndose así en una contemplación suave y pasiva.

Josep Oriol fue un místico dedicado a la oración y al prójimo. Un hombre santo y bienhumorado, capaz de ser optimista aún reconociendo el dolor de la existencia. Cuentan que en una ocasión, fue a ver a un cojo que intentaba atravesar la plaza del Pi mientras venía una carreta:

—¿Por qué no corréis? Así no os atropellará el carro —le espetó.

—¡Cómo queréis que corra, si voy con muletas! —exclamó el otro.

—¡Dádmelas y así no os molestarán!

Josep le agarró las muletas y el cojo, sorprendido, emprendió la carrera. Había sido curado, sencillamente.

Leyendas de la Mar Tenebrosa

ONDE ahora se encuentra el Pla de Palau, antiguamente estaba el cadalso, *la habitación natural del ladrón*. Se construyó allí para advertir a los viajeros que llegaban por mar que el imperio de la ley estaba vigente en la ciudad.

En aquel tiempo, anterior a la formación del barrio de la Barceloneta, también había en el Pla de Palau una pequeña colina arenosa donde acudían los marineros retirados para recrearse mirando al mar. El lugar era conocido como el monte de las Falsies o de las Mentides (Mentiras) y era lugar de reunión de las gentes de tierra adentro para distraerse con las narraciones de las prodigiosas aventuras marineras: historias sobre el Mediterráneo mítico y sobre el inabarcable y desconocido océano que engulló la Atlántida. Se contaba que en aquellas lejanas aguas del Atlántico, se había perdido la luz del sol y un manto espeso de tinieblas cubría las olas. Se daba por cierto que aquel mar era el lugar donde el sol se escondía por la noche.

En un principio, se pensaba que el sombrío océano comunicaba con el luminoso mar de la India, en cuyo centro se hallaba la inquietante pradera del mar de los Sargazos, donde las naves quedaban atrapadas hasta el final de los tiempos.

Pero cuando empezaron las exploraciones oceánicas y los viajes al Nuevo Mundo, tripulantes, colonos y aventureros creían que, al atravesar la tórrida zona del ecuador se encontrarían con un mar incendiado, donde verían, claramente, la curvatura de la Tierra y donde el barco descendería como un insecto sobre una naranja. Cuando los pescadores faenaban en el océano y eran asaltados por los temporales, contaban que habían podido escuchar, en el sordo rugido de las aguas, los lamentos de las almas en pena de las islas Milagrosas. No se dudaba, tampoco, de la existencia de la isla del Llanto Eterno, o de otras islas fabulosas, como Brasil, que aparecía y desaparecía en distintos cuadrantes del mar. La isla de Antilia, la antiisla, que se creía que estaba muy cercana a Occidente, no se encontró nunca, pero acabó siendo el nombre con el que se bautizaron las islas del Caribe. Se comentaba que los cartagineses habían llegado a las Azores; los fenicios, a Madeira; los italianos, como Lanzaroto Marcello, a las islas Afortunadas, etc. Todavía una de ellas se llama Lanzarote en su honor. Abraham Cresques, el extraordinario cartógrafo catalán, tomó nota de todo lo que le contaban los navegantes y sus mapas facilitaron información a las expediciones catalanas que se adentraban más allá de las columnas de Hércules.

Pero las aguas con las que se topaban cada día los viejos lobos de mar del monte de las Falsies era el Mediterráneo, y aquellos hombres se admiraban ante la existencia de la insólita tierra de la Piedra Imán, donde todas las rocas y guijarros tenían poder de atracción sobre los metales. De hecho, las embarcaciones tenían que navegar a gran distancia de aquella isla, ya que la piedra podía atraer todo el metal de la nave, por lejos que ésta estuviera, dejándola prácticamente deshecha.

También se hablaba, entre susurros, de las apariciones de un barco fantasma que nunca se detenía ni arribaba a tierra. Se trataba de un velero de casco negro y velas del mismo color, que siempre estaban hinchadas por el viento, aunque éste no soplara. Su silueta se vislumbraba en el horizonte y, de noche, estaba rodeado por una siniestra luminosidad. Llevaba por distintivo una bandera negra y de los palos colgaban osamentas descarnadas y devoradas por los cuervos. Cuando los marineros veían que las aves volaban aturdidas sobre el mar, era un presagio de que el barco fantasma rondaba cerca. Aquélla era la nave del famoso pirata Barbarroja, que había jurado no dar su carrera por terminada hasta cometer mil asesinatos.

Otra embarcación fantástica era el *Barco del Diablo*. Navegaba junto a los buques que estaban en peligro y hacía su aparición durante las galernas, pudiéndose oír grandes carcajadas que resonaban entre el viento huracanado. En el momento más crítico, mientras la tripulación chillaba pidiendo ayuda, el *Barco del Diablo* desaparecía. Antes de producirse una tempestad, se veían sus velas, como si él convocara la galerna. Su casco y su velamen eran intensamente rojos y sus tripulantes, barbudos como cabritos. Por las noches, se le podía vislumbrar tras el horizonte, porque emanaba una siniestra luz roja. La vigilia de San Juan, a medianoche, los marineros buscaban ávidamente en las playas unos guijarros rojos que tenían la propiedad de espantar al *Barco del Diablo*. La gente de mar de la Barceloneta guardaba muchas de estas piedras por si un día tenía la desgracia de toparse con el barco maligno.

Pero el Mediterráneo ofrecía más sorpresas. El día de difuntos, los lobos de mar de la Barceloneta creían ver entre la neblina del horizonte la *Barca de las Almas,* una enorme nave tripulada por marineros ahogados. Se la podía distinguir porque su capitán daba las órdenes a toque de caracol marino, el eco tétrico y estremecedor del cual resonaba por toda la costa. Asimismo, había otra creencia según la cual las almas de los ahogados son las únicas que nunca se pueden aparecer, porque el alma es como una pequeña llama que se extingue al contacto con el agua.

Pero no todo eran apariciones, ya que el Mediterráneo también había inspirado actos de hechicería. De hecho, hasta el siglo XIX los brujos fabricaban cuerdas para provocar el viento, o cambiar su dirección. Tan sólo era necesario disponer de un trozo de driza, o cuerda marinera vieja, de metro y medio de largo, con siete empalmes equidistantes. Para provocar el viento se tenía que hacer girar la cuerda por encima de la cabeza, rápidamente y de forma horizontal o vertical, según fuera la finalidad.

También existían las cuerdas de viento de siete nudos, las cuales contenían dentro de cada atadura una cierta cantidad de aire. Así, si el viento no soplaba lo suficiente para hinchar las velas, los patrones aflojaban uno de los nudos y se preparaban para que, en poco tiempo, se levantara una suave brisa que probablemente acabara en un buen viento.

LADRONES DE MAR

S E dice que en la capilla de una casa señorial de Badalona, se encontró junto a la imagen de la Virgen, un alfanje sarraceno manchado de sangre y sujeto a la pared por una cinta blanca. Sobre este hecho, cuenta la leyenda que una noche se acercó a la costa de Badalona una galera morisca; un centenar de sarracenos consiguieron desembarcar sin que ningún centinela se diera cuenta. De este modo lograron sorprender a la ciudad, luego la asaltaron, la quemaron y sembraron el terror.

Cuentan que aquella funesta noche un morisco saltó desde la ventana de una casa noble, sosteniendo fuertemente con el brazo izquierdo a un bebé de pocos meses. Con el derecho, arrastraba a su madre, una bellísima joven. El moro sostenía el alfanje entre sus dientes limados. Cuando alcanzó la playa, la joven madre perdió toda esperanza de rescate, y en un arranque de coraje, arrancó el alfanje de entre los dientes del sarraceno. El pirata, sorprendido, la soltó, momento que ella aprovechó para clavarle una estocada mortal en pleno corazón. Inmediatamente, la joven agarró a su hijo con un brazo y, enfebrecida de rabia, propinó, con la mano libre, golpes de alfanje a todo aquel que se le acercaba, hasta caer a tierra desvanecida y exhausta.

Al amanecer, todo en Badalona era dolor y desolación, y muchas mujeres y niños habían caído cautivos. En la playa, entre los muertos, se oyó el llanto de un bebé; junto a él y sujetándolo fuertemente, yacía la madre sobre la arena, agarrando el alfanje con su mano libre. Desde aquel lejano día se custodia, en la vieja casa señorial, el alfanje del infiel manchado con la sangre de otros piratas.

Durante muchos siglos, las playas, litorales y costas fueron lugares de terror. Y es que no sólo existían los ladrones de caminos, sino que también había que temer a los ladrones de mar que, cabalgando sobre las olas, se abatían como aves de rapiña cuando menos se los esperaba. Dado que vivir cerca de la costa era peligroso, muchas masías se fortificaban; los vigías oteaban los horizontes y atisbar velas se consideraba un mal presagio.

En Barcelona, en el antiguo portal de Regomir, se hallaba la capilla de san Cristòfol —que todavía se conserva— donde todos los viajeros podían encomendarse, ya que este santo además de ser el protector de los peligros del mar, también preserva de los ladrones. Los ladrones de mar eran la amenaza más real para todos aquéllos que se aventuraban por el portal de Regomir, que daba a la costa.

Maderos y leños[6] con poca tripulación, se escondían y refugiaban en lugares desiertos como, por ejemplo, las islas Medes, la punta de los Alfacs o la desembocadura del río Besòs, a las puertas de Barcelona. El ataque de catorce maderos piratas contra Badalona en el año

---

6. Embarcaciones medievales a vela y remo semejantes a las galeotas pero de dimensiones reducidas.

1527 supuso la pérdida de muchos hombres y mujeres, además de un saqueo considerable. Más al norte, Cadaqués y Palamós también fueron devastadas y sus iglesias, quemadas. En ese mismo año, una flota de buques de Barbarrosa actuó en el Rosselló, en el Empordà y, finalmente, en Badalona, que (como narraba la leyenda de la joven madre) fue incendiada y donde veinticinco cristianos fueron hechos cautivos. En 1532, los corsarios actuaron ante las costas de Barcelona, la noticia fue recogida en el dietario del Consell de Cent. Lo mal traducimos:

«Como pocos días hacía que los buques de los turcos habían llegado a los mares de esta ciudad y habían hecho cautivos a veintiocho pescadores ciudadanos de Barcelona, y que los consejeros habían hecho sacar la artillería, a la cual había encontrado muy desconcertada».

La presencia de embarcaciones piratas cerca del litoral barcelonés no era nueva. Ya en el año 1519, cuando se hospedaba en la ciudad un jovencísimo Carlos V, algunas naves corsarias se dejaron ver por la costa de la ciudad, sin que fuera posible organizar la persecución. En 1521, cuatro buques moriscos remontaron el Ebro y atacaron Amposta, donde capturaron a ciento cincuenta personas. Los ataques frecuentes de los piratas berberiscos obligaron a construir en la desembocadura del Llobregat un pequeño recinto amurallado provisto de artillería, donde se mantenía una pequeña guarnición. Podría haber sido éste el origen del barrio de Can Tunis. En 1558, en Ciutadella, en la isla de Menorca, los piratas capturaron a toda la población superviviente después de asediar la ciudad. Debían ser unas tres o cuatro mil personas, que fueron enviadas directamente a Constantinopla. El 1558 se recuerda en la isla como el año de *sa desgràcia*.

El impacto de la piratería sobre las costas catalanas fue extremadamente importante. Muchos pueblos del litoral crecieron alejados del mar, dejando en la costa sólo pequeños vecindarios de pescadores, como fue el caso de Arenys o Vilassar y de otras localidades del Maresme.

Para prevenir tantas calamidades, la galera guardacostas armada por los *consellers* de Barcelona en el año 1449 con la finalidad de perseguir a los barcos enemigos y defender el comercio catalán, tenía una dotación de 232 hombres: patrón, oficial, segundo oficial, dos *consellers*, ocho contramaestres (marineros que guiaban la nave), un remolar (conservador de los remos), carpinteros de ribera, un calafate, un botero, treinta y cuatro ballesteros, un escribano, un alguacil, un médico-barbero, cuatro trompeteros, un bombardero, seis alieres (soldados encargados de la defensa de la nave en los abordajes), ocho marineros de proa, tres remeros de los extremos de los bancos de proa, dos pañoleros, un senescal, un cocinero y ciento cincuenta y dos remeros, presos o esclavos.

Pero todas las medidas eran insuficientes para detener a los ladrones de mar. Para tener una idea del alcance de la piratería en el Mediterráneo, sólo diremos que en el año 1600 Alger, auténtico nido de bucaneros, tenía cien mil habitantes, de los cuales veinte mil eran cautivos de las razias hechas en las costas.

Los piratas provocaban tantos estragos que ya en el pretérito año 1218, la Virgen se apareció al rey Jaume I, para intervenir contra aquella plaga marina. He aquí la versión en castellano del suceso:

«Estando el invicto Rey Don Jaume, Primer Rey de Aragón de este nombre, en esta su ciudad de Barcelona el año 1218, la reina de los ángeles Señora Nuestra, por su clemencia y benignidad, se apareció a dicho Rey y asimismo a otros devotos de su Santísimo Nombre, declarándoles su voluntad, la cual era que en esta ciudad se edificara un Monasterio, y se instituyera una religión de su Santo Nombre y de la Mercè de la redención de los miserables cautivos cristianos, y el glorioso Rey, inspirado de celo divino, después de dicha aparición, congregó al pueblo en la Iglesia Mayor de esta Ciudad y en presencia del Obispo Palou y de los Consellers de la ciudad les notició el milagro y la voluntad de la mencionada Reina de los Ángeles Señora nuestra, y lo mismo referían Pere de Nolasch y San Ramon de Penyafort, Confesor del dicho Señor Rey, a los cuales también se había aparecido la mencionada Virgen María Señora nuestra, y ante el Pueblo, obispo y Consellers instituyó la mencionada religión en gloria y honor de su Santo nombre de la Virgen Maria de la Mercè de la redención de los Cautivos Cristianos».

Con esta intervención divina se instituyeron los mercedarios, que portaban el escapulario de la Merced con las armas reales de Catalunya cuando viajaban a Berbería para rescatar a los cautivos cristianos de sus captores sarracenos. Y así fue cómo, desde entonces, la Virgen de la Merced fue entronizada como patrona de Barcelona; gracias a las incursiones de los piratas.

LA BARCELONETA

EN un principio, toda la superficie de la península de la Barceloneta estaba ocupada por el mar. Después, con la sedimentación de las aguas del Besós, se formó una isla llamada de Maians. Éste era el apellido de un patrón ibicenco que utilizaba aquel islote arenoso como lugar de llegada de sus laúdes (pequeñas embarcaciones de pesca). Mercadeaba entre las islas y Barcelona, y atracaba en la playa del islote para no tener que pagar el impuesto del puerto. Para lograr esta libertad tenía que dejar a sus hombres armados vigilando la isla. Pronto los habitantes de la ribera de Barcelona —gente de pequeños huertos— empezaron a nombrar la isla con el apellido del ibicenco.

En tiempos no tan antiguos, otros isleños, en este caso de Menorca, transportaban el famoso aguardiente de herencia inglesa que bebían los pescadores en las tabernas. De aquella época ha quedado el nombre de la calle de Ginebra, que no tiene ninguna relación con la ciudad helvética.

Sobre los terrenos ganados al mar desde el siglo XV —cuando fue construido el espigón del puerto— se generó una lenta sedimentación de arenas y tierras que empezaron a formar una lengua arenosa que fue unida a la costa con bloques de piedra.

Los viejos barceloneses sentían un temor reverencial por aquella zona y por ningún concepto querían trasladarse a vivir allí, ya que consideraban que el barrio se había fundado sobre los terrenos robados al mar y que éste, tarde o tempano, recuperaría lo que era suyo. Para conjurar este cruel destino, una señora del lugar —la leyenda dice que era de linaje— compraba o secuestraba a una criatura menor de edad cada siete años y, tras introducirla en una piel de cuero, la lanzaba al mar como sacrificio expiatorio. Dentro de aquel saco colocaba también la carne y la sangre de la tierra: el pan y el vino. Si el mar devolvía a la desgraciada criatura junto con los alimentos, la señora repetía el sacrificio, con el objeto de preservar el orden del mundo y apaciguar a los genios de las aguas. Aquél no era un acto de locura, sino una vieja tradición marinera por la que se lanzaba a un hombre vivo al mar para amansar sus aguas embravecidas.

Los escombros de las casas derruidas en el barrio de la Ribera —destruido parcialmente después del sitio de 1714— constituyeron los cimientos de la Barceloneta, cuyas viviendas no pudieron elevarse más que a una altura determinada para no dificultar la visibilidad ni el ángulo de tiro de los cañones de la abominada fortaleza de la Ciutadella.

EL *PORT VELL*
(EL PUERTO VIEJO)

ARCELONA no tenía puerto alguno. De hecho, hasta el siglo XV, la ciudad sólo contaba con una playa rectilínea e inhóspita y cuando las naves corrían peligro tenían que poner rumbo al puerto de Salou. Durante la Edad Media, cada vez que los reyes venían a Barcelona, se tenía que construir un muelle de madera.

Cuando, finalmente, se consiguió tener una dársena mínima, resultó que no estaba bien acondicionada, ya que era insegura y, sobre todo, pestilente, dado que cortando la comunicación con la isla de Maians, había una especie de albufera conocida con el nombre de estanque del Puerto. Se trataba de una zona pantanosa, donde se trabajaba el cáñamo desde tiempos antiguos. En aquella industria se ganaba la vida la mayor parte del vecindario de Sant Martí de Provençals. Una extensión de terrenos acuosos que nacían del estanque formaba una laguna que ha dejado su rúbrica en una estación de metro de la línea amarilla. La albufera tenía que ser limpiada a menudo, porque las aguas encharcadas provocaban epidemias de fiebre. Había un mojón de piedra sobre el que estaban grabadas las armas de la ciudad y que servía para medir la altura de las aguas, ya que cuando éstas alcanzaban la piedra se abría la boca del pantano y se precipitaban al mar.

Los problemas del puerto de Barcelona venían de lejos. Desde un principio, la existencia del puerto había sido una lucha constante no sólo contra el mar y los temporales, sino, sobre todo, contra las arenas que se acumulaban. En 1434 el Consell de Cent acordó iniciar las obras de un primer puerto, para lo cual adquirió una embarcación grande y vieja, la nave *Juliana,* la cargó de piedras y la hundió como un primer bloque del rompeolas que se proyectaba.

El puerto estaba defendido con una barra llamada *tasca,* distribuida en diversos canales de hasta catorce pies de profundidad, que ofrecían un refugio lo bastante seguro para barcos de calado.

Con el tiempo, y a pesar de su precario puerto, Barcelona se consolidó como la segunda potencia mercantil del Mediterráneo —rivalizando con Venecia— y la tercera de Europa —después de Hamburgo, capital de la Liga Hanseática.

En Barcelona, se reunían barcos procedentes del norte (Reval,[7] Copenhague, Londres) y del Mediterráneo (desde Tolón hasta Creta). De los países bálticos traían el valioso ámbar, resina fósil que se pescaba en el golfo de Finlandia, cuando los temporales de mar de fondo arrancaban las maderas podridas de los antiguos bosques sumergidos. De Colonia procedían las aguas perfumadas, llamadas propiamente «agua de Colonia». Holanda enviaba sábanas de finísimo lienzo; Brujas y Amberes, piezas de punta y encaje, y Rouen, terciopelos. Venecia transfería a Barcelona productos del lejano Oriente, de la India y de Persia, a través de las caravanas que llegaban hasta Tiro. Los bar-

---

[7] Actual Tallin

cos egipcios proporcionaban las ricas telas de Damasco y de Gaza (satén), que todavía conservan los nombres de sus lugares de origen.

Toda Barcelona era un inmenso bazar donde los europeos compraban los productos orientales y donde, a su vez, vendían sus artículos a los mercaderes asiáticos. Las monedas que circulaban por Barcelona, eran, además de las propias, el mancús de oro egipcio —la más valiosa divisa del mundo—, los florines holandeses, los ducados y los doblones castellanos.

Barcelona exportaba a Nápoles, Sicilia, Creta, Chipre, Rodas, Bizancio y Beirut: orfebrería, platería, espadería y armas blancas (de gran reputación gracias a la forja catalana); también, pieles de cordero, de conejo y de animales salvajes de los Pirineos; así como cuero, cordería y textiles de todo tipo, instrumentos musicales y herramientas para toda clase de oficios.

Pero en el puerto de Barcelona no sólo se hacía vida comercial. Desde esta ciudad partieron expediciones navales de guerra, que cambiaron el rumbo de distintos países, empezando por el nuestro. En el año 1149, el conde Berenguer IV, con la ayuda de los genoveses, partió de la Ciudad Condal para conquistar Tortosa a los sarracenos. La expedición fue un gran éxito y prueba de ello es que Tortosa todavía forma parte de Catalunya. En el año 1228, veinticinco naves de guerra, doce galeras, doce taridas, cien galeotes y numerosos barcos de transporte zarparon hacia la segunda conquista de Mallorca bajo la comandancia del rey Jaume I. En el año 1282, una escuadra de ciento cincuenta velas que transportaban a veinte mil almogávares, mil ballesteros y dos mil caballos, abandonaron Barcelona para ir a conquistar

Sicilia. En el año 1356, las naves barcelonesas abatieron, junto al muelle de Barcelona, a una numerosa escuadra castellana comandada por Pedro el Cruel. En 1436, diez galeras y seis naves se hicieron a la mar para conquistar la importante ciudad italiana de Nápoles.

Muchas otras expediciones salieron del puerto de Barcelona y, en cada una de ellas, los barceloneses despedían a las velas que llenaban el horizonte con la mirada brillante y la palabra de Dios en los labios, para que la victoria fuera otorgada a sus soldados bajo la tempestad de la guerra.

Un hombre puso fin a los mitos de la mar Tenebrae, atreviéndose a navegar por aquellas aguas, de las que ya se sabía que no acababan en una inmensa y sobrecogedora cascada, pero que aun así parecían pobladas por islas de muertos, leviatanes, Krakens de terroríficos tentáculos, serpientes marinas, sargazos, olas gigantes... Aquel hombre fue Cristóbal Colón. Y el segundo viaje que se hizo desde una Europa atónita ante el descubrimiento de las fantásticas, seductoras e ignotas tierras de las Américas, partió en 1493, de las playas de la importante ciudad de Barcelona.

La mayor cantidad de barcos de guerra que nunca se había visto en el Mediterráneo también zarpó de la Ciudad Condal. Era el año 1571, cuando la gran escuadra que comandaba el jovencísimo Juan de Austria y el gran almirante Lluís de Requesones decidió acabar con la supremacía de las fuerzas navales de la Puerta Sublime, el imperio otomano de Constantinopla.

La leyenda narra que cuando se encontró la escuadra de la Santa Liga (que reunía a las tropas de las Españas, Venecia, los Estados

Pontificios y los caballeros hospitalarios de la orden de Malta) con las galeras turcas en el golfo de Lepanto, en el Peloponeso, se produjo un hecho prodigioso. Pero vayamos por partes: la nave real —una magnífica reconstrucción de la cual se puede contemplar en el Museu de les Drassanes (Museo de las Atarazanas) de Barcelona— llevaba, además, de los pendones, estandartes y la flámula que regaló el Papa a Juan de Austria, una virtuosa talla del Cristo crucificado, para infundir fuerza espiritual durante la batalla. Por su parte, y como es bien sabido, los musulmanes tienen prohibido representar imágenes sagradas, ya que Dios es infinito e incognoscible. Por lo cual, para los islámicos ¡reproducir una imagen de Dios, muerto y clavado en una cruz, es una blasfemia abominable!

Por este motivo, en el fragor de la colosal batalla naval —«[...] la más alta ocasión que vieron los siglos», según Miguel de Cervantes—, una bala de cañón fue dirigida contra la imagen blasfema del Dios muerto en la cruz; pero la figura, mediante un extraordinario milagro, se decantó ligeramente, esquivando el proyectil; de manera que quedó un poco arqueada.

El combate fue acérrimo, y cuando, al fin, la cabeza del almirante turco quedó ensartada en una pica, la noticia de la victoria cristiana se difundió rápidamente. Se oficiaron tedeums, procesiones, desfiles, misas y tuvieron lugar diversas celebraciones por toda la cristiandad. La talla del Cristo de Lepanto fue trasladada solemnemente a la capilla principal de la catedral de Barcelona donde todavía se puede contemplar, con el cuerpo arqueado para evitar el cañonazo. El Cristo de Lepanto es muy venerado, y los devotos aseguran que todavía obra milagros.

EL INVENTOR DEL BARCO DE VAPOR

UNOS treinta años antes de la batalla de Lepanto, concretamente el 17 de julio de 1543, Blasco de Garay, capitán de la armada española, inventor e ingeniero, realizó un experimento ante la costa de Barcelona. «Ingeniero» viene de «ingenio», y Blasco de Garay, llevado por su pasión inventora había experimentado con muchos prodigios. Por citar sólo algunos ejemplos diremos que había estudiado cómo extraer barcos de las profundidades marinas, aunque éstos estuvieran sumergidos a cinco brazas y contando sólo con el auxilio de dos hombres. También había ideado un artilugio que podía mantener a una persona sumergida todo el tiempo que fuera necesario. Además, creó un artefacto con el que se podía descubrir a simple vista objetos del fondo del mar y, por si todo esto fuera poco, propuso la manera de mantener bajo el agua una luz encendida; asimismo, dio a conocer un medio para convertir en dulce el agua salada.

Aquel 17 de julio de 1543, ante la mirada atenta del gobernador, Pere de Cardona; el maestre racional de Catalunya, Francesc Gralla; el proveedor real de galeras, Alonso de Rávago, así como de otras personalidades catalanas y castellanas, y de diferentes capitanes de barcos, todos ellos en representación del emperador Carlos V y de su hijo Felipe II, Blasco de Garay presentó un nuevo sistema de propulsión para barcos. El invento consistió en aplicar en los costados del casco unas ruedas de palas movidas por unos engranajes que, a su vez, eran accionados por hombres.

Para poner en práctica el invento, se adquirió una embarcación llamada *La Trinidad,* que había llegado a Barcelona con una carga de trigo procedente de Portugal. Cincuenta hombres maniobraban cada rueda y el barco recorrió tres millas marinas en una hora, lo cual era mucho más de lo que podía navegar una embarcación de remos en aquella época. A pesar del resultado satisfactorio de la prueba, el invento no prosperó por diversas circunstancias. Una de ellas fue porque los hombres tenían que trabajar de pie en lugar de sentados, y esto hacía que el ingenio fuera ineficaz cuando el oleaje hacía cabecear al barco. Con todo, Carlos V le facilitó dinero para la investigación y, posiblemente, si no hubiera estado comprometido en una expedición y si el proyecto no hubiera sido obstaculizado por el proveedor real de galeras, enemigo de aquella innovación, la aportación de Blasco de Garay hubiera sido considerable.

Durante el siglo XIX, el director del Archivo de Simancas argumentó que existía un documento según el cual Blasco de Garay realizó las pruebas de la primera máquina de vapor aplicada a los barcos. Según explicaba, «una gran caldera de cobre movía el barco con unas ruedas de paletas situadas en los costados del buque. Como todos los inventores antiguos, guardó el secreto del mecanismo, llevándose después de la prueba todas las piezas menos las mencionadas y, no habiéndose fabricado más ejemplares, se perdieron los detalles».

El Ayuntamiento de Barcelona, al enterarse, quiso homenajear al inventor del barco de vapor erigiéndole una estatua. No obstante, cuando se había decidido ubicar el monumento en la plaza de Medinaceli, frente al Moll de la Fusta (Muelle de la Madera), el literato Joaquim Rubió i Ors demostró que aquel documento no había existido nunca y, por tanto, la aseveración conforme a que Blasco de Garay había inventado el barco de vapor sólo era una leyenda.

El Consistorio de Barcelona, desconcertado, se preguntó entonces a quién dedicar el monumento y, tras sensatas deliberaciones, acordó erigir una columna para poner encima la estatua de un corsario. Se llamaba Galcerán Marquet, y había sido marino, mercader, *conseller* de la ciudad, vicealmirante y también pirata.

Prueba de esto último es que en el año 1331 zarpó como capitán de la coca de tres puentes *Sant Climent*. Diversos castillos del barco estaban protegidos de dallas desde la popa a la proa. Llevaba quinientos hombres de tripulación y contaba con 3.166 dardos nuevos, 40 lanzas largas, 357 lanzas regulares, 4 dallas, 16 garfios de abordaje, 300 ballestas, 68 escudos, 49 cascos nuevos, 57 viejos, 43 corazas nuevas, 43 gorjales de armadura viejos, y 17 cajas de viras (saetas delgadas) y flechas, que contenían 7.520 piezas. Nos podría sorprender tal cantidad de armas para una nave de comercio si no supiéramos que Marquet tenía la orden de ejercer el corso, y que durante aquel año y el siguiente se apoderó de una galera pisana y de otra genovesa.

Así pues, la gente que transita por la poco conocida, aunque céntrica, plaza de Medinaceli y mira sobre la columna que se erige justo en el centro, preguntándose quién es aquel barón inmortalizado, ya tiene la respuesta: un aguerrido pirata catalán que desplazó al ingenioso ingeniero Blasco de Garay.

La ciudad encorsetada

HASTA el siglo XVIII Barcelona era una urbe pequeña, totalmente amurallada y encerrada en sí misma. Afuera sólo había huertos, campos de cultivo y algún monasterio. Cerca de la ciudad se encontraban diminutos núcleos escasamente habitados, que en el transcurso del tiempo llegarían a ser los barrios de la ciudad. Desde el portal del Àngel se salía hacia Gràcia por el camino de Jesús, llamado así porque allí se encontraba el convento de Jesús, de grandes dimensiones, en cuyo cementerio se enterraba a las personas fallecidas a causa de las epidemias. Los portales de la muralla sólo se abrían de día, y se cerraban a las nueve de la noche, después de la última llamada a oración. Cada portal tenía su puente levadizo, y sólo se podía entrar a la ciudad a través de estas puertas. Afuera, quizá, acechaban piratas, bandoleros, malhechores, tropas invasoras, perros rabiosos, fieras del bosque... La ciudad se recluía, protegida por sus murallas como si de una isla se tratase, mientras afuera quedaba la naturaleza casi en estado puro, donde habitaban muchos que se gobernaban fuera de la ley.

Las murallas eran el escudo de Barcelona, ya que no sólo los guardias de puertas, los soldados de ronda y los centinelas de las torres la custodiaban, sino que los pórticos también disponían de defensas mágicas para poder invocarlas cuando se empezaba un viaje. San Cristòfol protegía de los ladrones de mar a aquellos que salían por el portal de Regomir. Un espíritu celeste custodiaba los alrededores del portal, llamado, precisamente, del Àngel, contra los asaltantes de caminos. Santa Madrona protegía el portal que todavía lleva su nombre y que está orientado hacia Montjuïc, de tropas enemigas que pudieran infiltrarse por aquel sector.

Las murallas fueron las construcciones más espectaculares de la ciudad y la primera gran obra pública hecha por el Consell de Cent fue ampliarlas. En el año 1285, las tropas del rey de Francia entraron en Catalunya, y Pere II el Gran ordenó que Barcelona se fortificara militarmente. En el año 1357, el rey de Castilla hizo incursiones en las fronteras de Aragón y Valencia, el reino estaba en el inicio de una larga guerra y Barcelona tuvo que mejorar, de nuevo, las defensas de la ciudad. En 1359, una escuadra de naves castellanas y genovesas se situó frente a la ciudad con la intención de atacarla por vía marítima. No se sabía de nadie que lo hubiera intentado antes. De hecho, se creía que era una empresa muy complicada, prácticamente imposible, a causa de la existencia de bancos de arena y escollos, y que sólo los navegantes barceloneses tenían los conocimientos y la pericia suficientes para esquivarlos y llegar a la playa. Por todo eso, el frente marítimo se había dejado sin fortificar. Pero este ataque demostró que también era necesario proteger la ribera de la ciudad.

El perímetro romano de la muralla abarcaba desde la Via Laietana hasta la calle de Avinyó, y de la plaza de la Catedral hasta la calle Ample. La segunda muralla medieval llegaba hasta La Rambla, por un lado y hasta el final del parque de la Ciutadella, por el otro; y de la plaza Catalunya hasta el mar. El tercer perímetro incluía al barrio del Raval, donde había muchos huertos. Las actuales rondas eran los caminos por donde los soldados patrullaban el contorno de la ciudad.

Las nuevas murallas eran construidas por los vecinos, hasta el punto que la decisión de fortificar el barrio del Raval nació del compromiso que había adquirido el Consell de Cent con los residentes de la zona. El gobierno de la ciudad requirió la colaboración de los vecinos del Raval en los trabajos que se realizaban en la muralla de La Rambla, y ellos aceptaron. A cambio, pidieron que su barrio quedara dentro del baluarte. Algunos portales habían sido engullidos por el nuevo recinto de murallas, como el de Porta Ferrissa, que daba a La Rambla. Se llama así, según cuenta una leyenda, porque tras la conquista de Almería, en la que participó el conde de Barcelona, Ramon Berenguer IV, el noble se quedó como botín de guerra las puertas de uno de los portales de aquella ciudad —los sarracenos acostumbraban a forrar de hierro las puertas de las murallas—, con las cuales entró triunfante en Barcelona. Éstas fueron colocadas en el portal que coherentemente se bautizó, como la Porta Ferrissa.

Antes de que la plaza Catalunya fuera urbanizada, se ubicaba allí el portal del Àngel, antes llamado de los Orbs, porque era la puerta por donde entraban los ciegos en la ciudad para mendigar. La explanada, que después llegó a ser la plaza, contaba con campos de cultivo, torrenteras, el foso de la muralla y las siniestras torres de

Canaletes, que formaban parte de las fortificaciones y que habían sido cárceles militares en varias ocasiones. En el sector del portal de Sant Antoni fue imposible construir ninguna edificación cuando la muralla fue derribada. Y es que, antiguamente allí había habido un patíbulo y se creía que los espíritus de los condenados vagaban desesperados y amenazadores por el lugar, manifestándose en forma de apariciones y fenómenos paranormales. La oración para defenderse de los desencarnados no parecía infundirles mucho temor. El lugar empezó a urbanizarse tímidamente cuando el Ayuntamiento intervino, pero allí donde estuvo el cadalso, el Ayuntamiento sólo se atrevió a construir el actual mercado de Sant Antoni. Con el tiempo, la leyenda se fue borrando de la memoria de los barceloneses.

La vida dentro de la ciudad amurallada era muy diferente a la actual. Los olores que desprendía Barcelona, así como las personas que allí vivían, eran tan fuertes y penetrantes que ofenderían al ciudadano de hoy en día. Olor de estiércol, de orines, de sudor y de ropa sucia. Muchas calles no tenían cloacas y había muchos pozos ciegos donde desembocaban los residuos de las letrinas. La limpieza pública tenía lugar a partir de las once de la noche: «per voltar més tard de les onze, s'ha de tenir nas de bronze»;[8] y durante unos cuantos días no se podía pasar cerca de la casa donde se había vaciado el pozo, debido a la pestilencia. La suciedad de los depósitos se vaciaba en unos recipientes que eran transportados en carros especiales, hacia la llanura de Barcelona, donde los campesinos la uti-

---

[8] «Para pasear más tarde de las once, se ha de tener la nariz de bronce.»

lizaban como abono. Los carros de estiércol entraban por el portal del Àngel y salían por el de Sant Antoni. Los portales estaban cerrados toda la noche y sólo se abrían para permitir el paso a los vehículos mencionados. Otro problema era el de los animales muertos. La ciudad disponía de un servicio: *el matxo de la gatera*, que consistía en un carro tirado por un caballo y conducido por un hombre, que tenía la misión de recoger cada día todos los gatos, perros y otros animales muertos que se encontraban por la ciudad. El carro llevaba un cencerro, con lo cual su presencia se oía desde lejos, e iba cubierto con una gran manta de color con el escudo de armas de la ciudad. Su mantenimiento estaba a cargo del Hospital y resultaba un elemento muy popular que siempre era seguido por los niños del lugar.

La defensa de la muralla estaba a cargo de la milicia urbana, donde estaban obligados a servir todos los hombres adultos, excepto los clérigos, hasta el siglo XIX. La docena de compañías de la milicia estaba organizada por gremios, mientras que la oficialidad procedía de los grupos dominantes de la ciudad. El hecho de que todos aquellos que integraban la guarnición local fueran ciudadanos, en lugar de soldados profesionales, significaba que la defensa de Barcelona dependía mucho más de las murallas que de las tropas acuarteladas.

En plaza del Àngel (situada en la Via Laietana, donde desemboca la calle de Jaume I y llamada así porque cuando fue portal de muralla tenía un ángel custodio con su estatua correspondiente, ya desaparecida) se convocaba al somatén cuando algún peligro amenazaba a Barcelona. Todos los hombres de la ciudad aptos para el servicio de armas, se reunían inmediatamente después de la llamada a somatén. Esta palabra procede de *so metent, sonum mittendo*, o «haciendo ruido». El Consell de Cent, cuando lo consideraba necesario, convocaba a somatén. Esto ocurría de la siguiente manera: salía el veguer (la autoridad delegada de la Corona) y recorría las principales plazas públicas acompañado de sus dependientes, que iban agitando manojos de hierbas o matas encendidas. En cada plaza, el veguer mandaba leer el usaje *Princeps namque*, de los *Usatges de Barcelona* (usos y costumbres que forman la base del derecho en Catalunya) donde se regulaba la defensa del Principado; este acto suponía la llamada a todos los súbditos para acudir en auxilio de su príncipe. Una vez acabada la lectura gritaba *«¡Via fora!»*, es decir, «afuera, al campo, a la calle» y la multitud contestaba a aquella llamada con la voz de *«¡Sometent!»*. A la vez sonaban las campanas tocando a somatén, se encendían hogueras alrededor de la ciudad, todos los gremios traían sus banderas y el Consell mandaba enarbolar el célebre pendón de Santa Eulàlia. Después, en la plaza del Àngel, se distribuían armas a quienes carecían de ellas, se dividía a los hombres en compañías y se partía hacia los lugares asignados.

Uno de los portales más importantes de la ciudad era el de Sant Daniel. Tenía un baluarte que en el siglo XVI lo protegía de los piratas. Por esta puerta entraban los carros y ciudadanos para acceder al barrio de la Ribera, motor comercial y económico de la ciudad por su proximidad al puerto. Este portal fue un punto estratégico en el asedio de 1714, durante la Guerra de Sucesión, porque las tropas borbónicas atacaron con encono esta parte de la ciudad. Desde el actual Arc de Triomf hasta el portal de Sant Daniel, el ejército de Felipe V dispuso de baterías de cañones que bombardeaban constantemente esta parte de la muralla, con el objetivo de abrir brechas suficientes para que los soldados penetraran en la ciudad y acabar, así, con el conflicto. Pero acceder al interior de Barcelona era difícil, ya que los grupos de la Coronela —las tropas móviles de la ciudad— defendían valientemente todas las brechas. Aun así, las fuerzas eran desproporcionadas: los borbónicos tenían cincuenta mil soldados y los defensores de la ciudad cinco mil o, como mucho, diez mil hombres. El portal de Sant Daniel cayó el 11 de septiembre, pero los días 13 y 14 de agosto se produjo en este punto un ataque masivo de los borbónicos que duró toda la noche y, aunque finalmente fue rechazado, dejó mil seiscientas bajas entre ambos ejércitos.

El gremio de los blanqueadores tenía un estandarte donde figuraba un león, lo que motivó que aquellos artesanos fueran conocidos como «los leones de la Ribera». Ellos formaron el tronco central de la Coronela, y elogiando su valor, se decía que habían castrado al mismo diablo. Y es que los leones de la Ribera defendieron su barrio con tal furia que Felipe V, finalmente, decidió destruirlo. El sitio había durado trece meses. A las cinco de la mañana entraron las tropas borbónicas y fueron conquistando la ciudad calle por calle. A primera hora de la tarde, Barcelona capitulaba dejando atrás cuatro mil muertos. El encono de Felipe V fue tal que quiso arrasar la ciudad y sembrarla de sal, como habían hecho los romanos con Cartago, pero sus consejeros le hicieron comprender que Barcelona era una plaza importante. Entonces, y como era nieto de Luis XIV, recordó que París contaba con la fortaleza medieval de la Bastilla —después convertida en cárcel— y decidió construir un recinto fortificado para vigilar la ciudad. Así pues, acabado el conflicto, se destruyó parte del barrio de la Ribera: se arrasaron 2.500 casas, 50 calles, 5 plazas, 2 hospitales, 3 conventos y 2 parroquias. Diez mil almas fueron expulsadas del barrio, y los ciudadanos de Barcelona tuvieron que construir aquella ciudadela (la *Ciutadella,* como la conocen los catalanes) con sus propias manos. La Guerra de Sucesión significó el fin de las libertades del Principado, y los barceloneses vieron desaparecer, sin dar crédito a lo que sucedía, las calles y la vida de la zona más comercial de la ciudad.

La Coronela

L sitio de 1714 duró trece meses y el peso de la defensa de Barcelona lo soportaron los barceloneses a través de la Coronela, la milicia popular. Ésta fue la primera institución pública disuelta por los Borbones mediante un decreto. La Coronela constaba de seis batallones y estaba formada por gremios a los que se les asignaba la defensa de una zona de la muralla; algunos escuadrones permanecían en la reserva para reforzar los lienzos donde se habían abierto brechas. El estandarte de la Coronela era la bandera de Santa Eulàlia. Su comandante era el *conseller en cap* (consejero jefe), asesorado por militares profesionales. El uniforme, si lo había, era azul marino —color muy utilizado por los catalanes—; la casaca estaba forrada de color rojo, igual que el cuello y las enormes bocamangas; las polainas también eran rojas y llevaban la cabeza cubierta con un tricornio.

El 29 de julio de 1714 la situación era tan desesperada que se proclamó un decreto de movilización de todos los hombres mayores de catorce años.

Cuando las tropas borbónicas consiguieron entrar en la ciudad, se luchó casa por casa, a golpe de bayoneta, de culata y de sable. Se luchaba en la calle y también se disparaba desde los balcones y las azoteas. De los hospitales salían columnas de heridos como único refuerzo. Después de diez horas de carnicería no se había cedido terreno, pero los pocos resistentes que quedaban estaban extenuados. Cuando finalmente se firmó la capitulación, uno de cada cinco habitantes de Barcelona había muerto.

La defensa de la ciudad impresionó a la opinión pública europea. Y es que ésta fue realizada por los propios ciudadanos agrupados en compañías de drogueros, sastres, oficiales sastres, estudiantes de leyes, notarios públicos, alpargateros, zapateros, remendones, boteros, libreros, escultores, doradores, manteros, carniceros, estudiantes de medicina, filosofía y teología, taberneros, carpinteros y revendedores.

En los últimos momentos del combate, el sargento mayor Feliu Nicolau de Monjo i Corbera, previendo las represalias de los vencedores, se escapó y quemó las *tabletes*, que eran los documentos donde constaban los datos de los soldados de la Coronela: nombre y apellidos; lugar y fecha de nacimiento; graduación y regimiento; posiciones de combate, y lugar y fecha donde fueron heridos o cayeron muertos.

El recuerdo de aquellos ciudadanos, gente sencilla, que defendieron su ciudad con tanto coraje, resulta conmovedor. Muchos de ellos murieron en el combate y sus cuerpos fueron enterrados en el Fossar de les Moreres, donde mucho tiempo atrás alguien fue caminando para llevar su propio cadáver, su primer inquilino, el correo Marcús.

Al terminar la guerra, se levantó la Ciutadella para vigilar la ciudad. El pueblo, como es natural, no vio nunca con buenos ojos esa fortificación construida sobre buena parte del barrio de la Ribera. De aquel bastión se cuenta la misma leyenda que del castillo de Montjuïc. Para asegurar y fortalecer la obra pusieron a un hombre vivo en los cimientos de cada una de las cuatro murallas principales. Este sacrificio no bastó y era necesario que cada año se sacrificara a una nueva víctima, ya que, en caso contrario, la fortaleza se desmoronaría. Por eso, cada año se fusilaba a alguien con o sin causa, sólo para evitar la ruina de la construcción. Era tradición que ante aquel que iba a ser ejecutado se colocara la imagen del Santo Cristo de la capilla. Y el Cristo lo miraba con gran compasión, e incluso sus ojos lagrimeaban.

EL *SENY DE LES HORES*
(La campana de las horas)

EL sonido omnipotente de las campanas regía la vida de Barcelona. Había repiques diferentes para ocasión: bautizos, bodas, fallecimientos, entierros, fiestas, celebraciones religiosas, un fuego, etc. Cada iglesia y cada convento tenían sus campanas y sus sonidos marcaban el ritmo cotidiano de los ciudadanos. Cuando había epidemia, enfermedades contagiosas o gripe, las campanas no paraban de tocar, anunciando un muerto tras otro. A veces, como en tiempos de la Revuelta del Pan, grupos de insurrectos subían al campanario de la catedral y tocaban incesantemente las campanas con la intención de movilizar a la población.

Una de las campanas de la catedral, la Tomasa, tenía fama de ser la más grande de España y de dar la vuelta entera. Según las antiguas crónicas, para ponderar su tamaño se decía que bajo el arco que formaba su boca podían refugiarse cómodamente siete zapateros sentados en sus taburetes y alrededor de un velador. Se mencionaba a estos artesanos porque su gremio contribuyó a la adquisición de la Tomasa, no sin imponer ciertas prerrogativas, entre ellas la de poder guarecerse bajo su boca si llovía.

La campana Honorata vive en la torre de Sant Iu de la catedral y ha tenido una vida accidentada. Sufrió gravísimas «heridas» durante el bombardeo de Barcelona ordenado por Felipe V y en el año 1717, el monarca dictó una orden para que la campana fuera destruida, como castigo por haber tocado a somatén en todos los levantamientos de la ciudad. Es por eso que la actual Honorata tuvo que ser fundida en un solar de la Via Laietana a mediados del siglo XIX, y pesaba tanto que los hombres que la trasladaban hasta la catedral creyeron que no conseguirían llegar a destino. Un grupo de muchachos que estaba presenciando las infructuosas maniobras de aquellos hombres, se ofreció a hacer el traslado si se les facilitaba una soga lo suficientemente larga. Así quedó apalabrado y, al día siguiente, se presentaron ante la campana doscientos dos voluntarios de diez a doce años que, con maña y esfuerzo, tiraron de la larga cuerda y, ufanamente, la trasladaron hasta el portal de la catedral, donde sería bendecida y bautizada como la nueva Honorata. Una vez realizada la ceremonia, los zagales, aún auxiliados por la larga soga, condujeron la campana hasta el pie de la torre que debía albergarla. A pesar de su sagacidad, los jóvenes no lograron subir el pesado instrumento a lo alto de la torre, por lo que se tuvieron que traer treinta parejas de bueyes para alzarla hasta los altos ventanales del campanario y, aun así, no se logró colocarla en el lugar que tenía destinado. Finalmente, alguien aconsejó que se mojaran las cuerdas, ya que es sabido que el cáñamo húmedo se encoge. Así lo hicieron y, por fin, la campana fue colocada en su lugar.

Languideció el tiempo en que el sonido metálico, pero tan humano, de las campanas preñaba de ecos el aire de Barcelona y su esporádico repicar tomó un regusto de quietud conventual. Llegaba el tiempo de los relojes.

El primer reloj mecánico de la ciudad llegó de Venecia, según cuenta la tradición, como un regalo al Consell de Cent por haber permitido realizar una copia del libro *El Consolat de Mar*, y fue emplazado en la torre de Santa Eulàlia de la catedral. Con el tiempo, se puso una gran campana con el nombre de Sant Honorat. Aquel reloj con campana, el *seny de les hores* (es decir, la campana de las horas), fue inaugurado a finales del siglo XIV. El pueblo lo bautizó con el nombre de la Honorata.

El *seny de les hores* provocó un cambio en la concepción del tiempo, tanto es así que los obreros y artesanos ya no dependían del amanecer y la puesta del sol para el trabajo en los talleres. El reloj público imprimió, pues, un ritmo constante a la actividad urbana, a los cuarteles, a los hospitales, a los cultos de las parroquias y a las tareas que, en los numerosos conventos de Barcelona, realizaban frailes copistas, miniaturistas y constructores de órganos. El reloj impuso un nuevo ritmo, más eficiente, a una sociedad que también iba convirtiéndose en un engranaje. Occidente, poco a poco, iba domando las horas, sin embargo, empezaba a perder el significado profundo del tiempo.

EL MERCADO DE LOS PIOJOS

A medida que La Rambla se iba convirtiendo en un paseo, las paradas de los vendedores apostadas entre la Porta Ferrissa y el Pla de la Boqueria estorbaban a los viandantes. Finalmente y con motivo de las tareas de ornamentación de la ciudad para celebrar la visita de Carlos IV y su corte, los vendedores fueron instalados en un huerto del convento de Sant Josep, junto a la calle de la Petxina. Así fue como empezó el traslado del mercado exterior a otro reunido en un solo lugar. En aquellas fechas tuvo lugar el incendio del convento de Sant Josep, que no ardió por odios anticlericales, sino por el afán de sustraerle el terreno que ocupaba para destinarlo a la instalación de un gran mercado: la Boqueria. Tras el siniestro se construyó allí la plaza con soportales que enmarca dicha lonja.

Como explican las crónicas, las primeras paradas del mercado de la Boqueria debían ser, probablemente, las de los carniceros y granjeros que criaban los sabrosos pollos de Sant Antoni y Sant Bertran. También abundaban los traficantes y marchantes de géneros diversos: quincalla, relojes, alpargatas, tejidos y las populares vendedoras de rosarios que fabricaban el producto ante el cliente. Tampoco faltaban los vendedores de estampas y pronósticos, ni los grupos de ciegos cantores, que se acompañaban con flauta y violín. Entre los feriantes se encontraba a valencianos que comerciaban con chufas y esparto; a gitanos que vendían y esquilaban animales domésticos; a mallorquines con sus deliciosas naranjas, y también a algunos extranjeros, como mercaderes franceses de juguetes; sacamuelas italianos; vendedores de *santidiguixi* —figurillas de yeso—; los ingenuos *tutti li mundi*, que explicaban historias absurdas ante sus teatrines y dioramas; los saltimbanquis con sus monos amaestrados, que bailaban minuetos o comían chocolate; y los soldados suizos que se dedicaban a la venta de... ligas para señora.

Pero aquél no era el único mercado de La Rambla. Más abajo, allí donde el paseo desemboca en el mar, se celebraba otra feria muy diferente y singular: el *mercat dels polls* (mercado de los piojos). Pero no se trataba de insectos del Prat o de los huertos de Sant Bertran, ¡sino de los mismísimos piojos de la cabeza! Y es que antiguamente una epidemia muy común en la ciudad era la enfermedad conocida popularmente como *fel sobreeixit* (ictericia). La medicina popular, entre otros remedios, recomendaba beber en ayunas un vaso de agua con un piojo dentro. Los enfermos que necesitaban *comprar* aquel parásito acudían a última hora para encontrar a algún pordiosero o vagabundo de los que pasaban por allí, ponían precio, cerraban el trato y el vendedor se revolvía el pelo para atrapar al insecto sanador.

Es necesario que hable la electricidad

En la Real Academia de Medicina de Barcelona, se halla el corazón del médico e inventor Francesc Salvà, conservado en una urna junto a sus libros de estudio. Él mismo lo donó a la ciencia. No donó su cerebro, sino su corazón, a pesar de ser inventor...

Poco antes de las invasiones napoleónicas, Francesc Salvà intervino en las primeras experiencias con globos aerostáticos, así como en el primer vuelo efectuado en nuestra ciudad, que tuvo lugar un año después de que los hermanos Montgolfier elevaran en Versalles un globo con los primeros aeronautas de la historia: una oveja, un pato y un gallo.

Salvà también realizó experimentos subacuáticos. Ideó el barco pez, que se avanzó en medio siglo a Monturiol, aunque no pudo solucionar el problema de suministro de aire en el interior del vehículo submarino.

Su aportación más importante fue, no obstante, el establecimiento de las bases de la telegrafía eléctrica. Hizo una demostración de su invento en la corte y obtuvo el favor de los reyes. Y propuso una línea telegráfica Barcelona-Mataró, así como otra submarina,

Alicante-Palma de Mallorca. «Es necesario que la electricidad pueda hablar», sentenciaba. Su telégrafo se fundamentaba en el uso de la electricidad dinámica, proporcionada por una pila voltaica y por el uso de reflectores de origen electroquímico, un sistema original basado en la descomposición del agua por electrolisis. Aun así, la alternativa al telégrafo óptico tuvo que esperar hasta Marconi, que se inspiró en los trabajos de Francesc Salvà para revolucionar las comunicaciones. Fue el inicio de la globalización. En poco tiempo el mundo se empequeñeció, pero resultó ser más interesante. Dentro de una urna, todavía late el corazón de Francesc Salvà.

EL MERIDIANO DE DUNKERQUE

EL meridiano de París, que atravesaba Francia de norte a sur desde Dunkerque hasta Perpiñán, era el punto de referencia para los navegantes franceses. El resto del mundo, desde los lejanos tiempos de Ptolomeo, se regía por el meridiano de la isla de El Hierro —el extremo más occidental del mundo conocido en la antigüedad—. Y el meridiano de Greenwich se convirtió en referencia mundial a partir 1884.

En el año 1790 la Asamblea Nacional de Francia encargó a la Academia de Ciencias un sistema unificado de medición que acabara con la disparidad existente. Tras varios estudios, los expertos propusieron un patrón (al que denominaron «metro», del griego *metrón*, «medida»), que procedía de la naturaleza, al ser la diezmillonésima parte del cuadrante del meridiano terrestre. Ante la imposibilidad de medir todo un cuarto de meridiano desde el Polo Norte al ecuador, debido al aplastamiento de los polos, se optó por medir sólo una parte para calcular el valor del total. El arco de meridiano escogido, a 45 grados de latitud, fue el comprendido entre Dunkerque y Barcelona, ya que se encuentra a media distancia del polo y del ecuador. El 20 de junio de 1792 Jean-Baptiste Délambre y Pierre Méchain empezaron las mediciones y tras seis años de comprobaciones trigonométricas pudieron, finalmente, calcular la circunferencia de la Tierra. Barcelona se había convertido, así, en uno de los referentes para calcular el nuevo patrón universal de medida.

Durante su estancia en Barcelona, Méchain conoció a Francesc Salvà y fue a visitarlo a su finca, próxima a Montserrat, para observar un eclipse de luna. Salvà le ofreció su inestimable ayuda para realizar las mediciones. Las referencias geodésicas de Méchain fueron la torre del homenaje del castillo de Montjuïc, la torre del reloj del puerto de Barcelona, el antiguo faro del puerto, el campanario norte de la catedral, la azotea del hostal La Fontana de Oro en la calle de Escudellers —hoy, calle de Avinyó— esquina con la calle Ample, y la fortaleza de la Ciutadella.

La ciudad honró la medición del arco de meridiano entre Barcelona y Dunkerque, y del metro como unidad de medida de distancia, con un monumento construido en el año 1992, en el centro de la plaza de Les Glòries Catalanes, en la intersección de la Gran Via de les Corts Catalanes, la avenida Diagonal y la Meridiana, avenida esta última que, si la recorriéramos en línea recta, no sólo nos llevaría a Dunkerque, sino hasta el mismísimo Polo Norte.

La Guerra del Francés

ÉRASE una vez un hombrecillo retrasado que no sabía hablar, y que balbuceaba despropósitos que nadie entendía. Los entonaba como una salmodia, como si rezara, y cuando acudía a la iglesia y veía a algún sacerdote, los repetía con mayor énfasis. Los parroquianos se reían de él y estaban convencidos de que ardería en el infierno porque nunca se había confesado ni había rezado de verdad. Al oír aquellos reproches, el hombrecillo aún entonaba sus extrañas ocurrencias con mayor afán.

Aquel necio murió y, dado que era vecino del barrio del Pi, fue enterrado en el cementerio que rodeaba a la iglesia (lugar en que ahora hay tres plazas). Pasado el tiempo, en el centro de aquella plazuela nació un pino que rápidamente creció en altura y reciedumbre. Se podía ver, claramente, que aquel árbol era diferente, ya que sus hojas eran de tan rizadas, acaracoladas; los entendidos las examinaron cuidadosamente y descubrieron, sorprendidos, que en ellas estaban escritos los extraños despropósitos que balbuceaba el hombre simple. Cavaron a los pies del pino y, entre sus raíces, apareció su cuerpo, incorrupto y entero, con la boca abierta, de la cual salía la raigambre del pino. El cielo quiso demostrar a todos aquellos que se burlaban del infeliz porque no sabía ni rezar, que todas las palabras son gratas a Dios cuando se le habla desde el corazón.

Aquel pino dicen que brotó en 1568, ante la puerta de la iglesia, y llegó a ser tan alto como los edificios de los alrededores. Poco antes de la invasión napoleónica, a un soldado de guardia que cada noche se refugiaba bajo el árbol, no se le ocurrió distraerse de otra manera que clavándole la bayoneta en el tronco. El árbol que había brotado de las ocurrencias de un bobo de buen corazón, se secó y murió.

Por aquellos años residía en la ciudad un hombre rico llamado Fraginals. Era el propietario de las tiendas más modernas y selectas. Obligado a viajar con frecuencia por sus negocios, en una ocasión trajo de Francia «una porción de instrumentos diabólicos llamados tendones, que sirven para impedir la propagación humana», según comentaba el barón de Maldà. Fraginals, que era de genio inquieto y no muy reflexivo, vendió muchos de aquellos condones, que fueron los primeros en la historia en llegar a Barcelona.

Aquel género, invención de la *herejía, fomento del libertinaje* y *escándalo de la naturaleza,* fue prohibido por el gobierno por considerarlo contrabando y no escapó de la justicia y el celo del tribunal de la Inquisición. Fraginals, alertado del peligro y de las penas a las que se exponía, dio parte al Santo Oficio y fue vivamente reprendido; seguidamente, los condones fueron secuestrados y se echó tierra a todo aquel vergonzoso asunto. Sin duda, la buena posición económica de Fraginals favoreció la exculpación.

Hacia finales de aquel siglo, un mes de mayo (cuando ya se percibían los aires revolucionarios procedentes de Francia, que hacían estornudar a los beneficiarios de los privilegios feudales y a la corrupta tradición religiosa) corría por Barcelona un hombre que se dedicaba a anunciar desgracias. Era un soldado alemán, o valón, considerado astrólogo, y había pronosticado que los terremotos traerían la ruina a la ciudad. A la justicia no le gustaban mucho aquellos personajes que podían fomentar el pánico entre la población y, como aquellas catástrofes no se produjeron, lo detuvieron y encarcelaron. El vidente alemán, sin embargo, no andaba equivocado. El terremoto se produjo años después cuando el Ejército de Observación de los Pirineos Orientales entró en Catalunya, ya que las tropas napoleónicas necesitaban cruzar el país para invadir Portugal; sin embargo, esta explicación sólo era una astucia de Bonaparte. En realidad, las tropas napoleónicas entraron en los cuarteles de Montjuïc y de la Ciutadella con engaños y se hicieron señores de Barcelona.

Durante seis años la ciudad fue ocupada. En la cúpula de la administración militar estaba el general Duhesme y el comandante de la guarnición era el general Lechi. De la policía se encargó el afrancesado Ramon Casanova, con un segundo comisario, Bernat de les Cases, tan detestado como el primero.

Fue un período negro de represión y terror. La casa del general Lechi pronto se convirtió en un tugurio de juego y perversión, presidido por una cortesana de Milán, *madame* Ruga. La codicia carroñera de Lechi era desmesurada; en una ocasión, un barco marroquí atracado en el puerto llevaba doce hermosos negros, muy jóvenes, que su príncipe regalaba al rey de Túnez; pero Lechi, ansioso por poseer uno de ellos, pidió que se lo vendieran. Al no conseguirlo, se valió de un capitán para robar al negro y ponerlo bajo el pabellón imperial de Bonaparte. Las protestas y reclamaciones del marroquí fueron inútiles.

La policía se instaló en La Rambla, convertida en un órgano de represión y espionaje. Aunque, sobre todo, se convirtió en una máquina de robar. Cuando se realizaban registros para buscar armas, se hurtaba y cuando se controlaban las casas de juego, desaparecía la recaudación. Además, la policía negociaba los precios de los pasaportes según la fortuna de aquel que lo solicitaba; por si esto fuera poco, también controlaba las paradas de los mercados y extorsionaba a los comerciantes.

Al final, sin embargo, la corrupción llegó a ser tan desproporcionada que el comisario Casanova fue encarcelado en la Ciutadella por los mismos franceses. También detuvieron al comisario Bernat de les Cases. La gota que colmó el vaso fue el caso Cantón.

Cantón era un milanés, de profesión prestamista, a quien se le atribuía una gran fortuna. La policía lo detuvo sin motivo alguno y le robó cuanto poseía, incluidos los anillos con diamantes que lucía. Le registraron la casa y se cargaron cofres enteros con cadenas de oro, anillos y perlas. Todo aquel botín tenía por destino la casa de Lechi. Al cabo de tres días, el cuerpo de Cantón apareció cosido a puñaladas y era *vox populi* que lo había asesinado la propia policía. El comandante de la guarnición, finalmente, también fue retirado de su cargo.

A estas alturas, la economía de la ciudad estaba por los suelos. Barcelona, además de las extorsiones policiales, tenía que pagar el mantenimiento de las tropas francesas. La ciudad estaba llena de desempleados y de miseria. Las contribuciones eran tan desproporcionadas que incluso las prostitutas tenían que pagarlas. El Ayuntamiento obligaba a las familias que no pagaban a mantener en casa a un soldado, y cada día tenían que darle diez reales para sus gastos. Por si fuera poco, aquellos que partían de la ciudad perdían lo que dejaban en casa a manos de la tropa. En el palacio del marqués de Monistrol, se encontró, detrás de un tabique, un escondrijo con la plata y las joyas, y se rumoreó que fue el criado francés quien lo había denunciado (en aquella época estaba de moda gozar de los servicios de criados franceses o italianos).

Los napoleónicos también robaron el riquísimo paso del Sepulcro de la Procesión de Semana Santa.

La ciudad se despobló tanto que la hierba crecía en las calles y plazas. Antes de la guerra, la población estimada era de doscientas mil personas, y en el año 1812 sólo quedaban treinta mil. Barcelona estaba de duelo.

Los soldados napoleónicos, por su parte, tampoco lo pasaban muy bien. Presentaban un aspecto deplorable y no recibían dinero ni alimentos desde Francia, por lo que tenían que proveerse allí donde estuvieran. Muchos de ellos no eran franceses, sino italianos y napolitanos sacados de las prisiones, westfalianos, polacos, holandeses... La batalla del Bruc (donde la leyenda cuenta que el repique de un tambor retumbó entre las montañas e hizo creer a los napoleónicos que el número de enemigos era mucho mayor) fue un combate entre soldados napolitanos del ejército francés, por un lado, y, por otro, soldados suizos de Wimpffen, mercenarios de la corona española, desertores valones de la guarnición de Barcelona y somatenes de Manresa e Igualada.

Algunos soldados fueron reclutados forzosamente en distintos países europeos para servir en los ejércitos franceses y llegaban atados a Barcelona.

Entre los soldados invasores había muchas bajas, porque a pesar de que controlaban ciudades y villas, nunca pudieron hacerse fuertes en las zonas rurales. Catalunya se rebelaba constantemente. La guerra de guerrillas fue un invento hispánico incomprensible para la época, una excepción dentro del imperio napoleónico donde, en general, una vez que los Estados perdían las batallas aceptaban la dominación francesa. Por todo ello, el conflicto se convirtió más en una guerra de destrucción que de conquista. El odio de los catalanes insurrectos les llevaba a descuartizar a sus enemigos. Los franceses respondían quemando pueblos, e, incluso, degollando a niños. Atila y Nerón campaban por las tierras catalanas.

Se quería aniquilar a los franceses, por eso se intentó envenenar a sus tropas: se contaminó el pan de la Ciutadella; el aguardiente en Tarragona; una cisterna en Hostalric; el vino del castillo de Llinars, y el agua y el vino de Mataró. Los conspiradores habían pedido a los boticarios un veneno cuyos efectos aparecieran dos días y medio después de haber ingerido el pan; de este modo, confiaban en no alertar a la tropa, que sólo comía después de que lo hubieran hecho los panaderos, dos perros y tres gatos.

Catalunya fue la zona de España que más sufrió la invasión francesa. Según los ocupantes, la resistencia fanática popular estaba basada en el ancestral orgullo nacional y en el odio al francés, enardecido por los caudillos rebeldes, por los monjes y por el oro de los ingleses.

A pesar de la constante insurrección, cuando llegaron las horas bajas para el imperio napoleónico, Barcelona fue la última gran ciudad europea donde se arrió la bandera tricolor y revolucionaria. Muchos afrancesados, increpados con los términos de traidores y bribones, acompañaban a las tropas en su retirada. Joyas, estatuas, cuadros y libros expoliados salían camino de Francia en los baúles de los oficiales franceses.

Barcelona y todo el país respiraban aliviados, aunque vilmente empobrecidos y, de nuevo, bajo el manto florido y anticuado del Antiguo Régimen.

La Guerra del Francés fue la última vez que la lucha entre absolutismo y liberalismo se presentó como un enfrentamiento ante una invasión extranjera. Desde entonces todas las batallas presentadas en territorio catalán han sido consecuencia de guerras civiles.

Y SE HIZO LA LUZ

HASTA mediados del siglo XIX, el espacio y la realidad se empequeñecían cuando avanzaba la tarde y oscurecía. Lentamente, la luz menguaba creando claroscuros. Era entonces cuando las tinieblas se filtraban por las murallas y penetraban en Barcelona. La oscuridad reptaba por las calles, recorría los adoquines y subía por las fachadas hasta llenarlo todo de negritud. La oscuridad también se introducía en los hogares y, aquellos que se lo podían permitir, intentaban disiparla con alguna chispa de claridad producida por lámparas de sebo o de aceite. Con la oscuridad, entraban en las casas supersticiones, inquietudes, tentaciones, pero también silencios y los antiguos espíritus de la naturaleza que la religión oficial y la Ilustración intentaban disipar. Cuando caía la noche, la vida se reducía, todo parecía más cercano y los contornos se desdibujaban. A veces, en aquel mundo oscuro, donde las cosas no estaban perfiladas, se descubrían posibilidades escondidas y percepciones extraordinarias que la luz del día ahogaba.

Las noches del siglo XIV eran cerradas en la ciudad de Barcelona; la oscuridad sólo se disipaba a la luz de los farolillos de pequeños retablos y capillas situados en calles y fachadas muy distanciadas entre sí. Sólo los días de grandes celebraciones se encendían antorchas en los edificios destacados, como el ayuntamiento, las iglesias y los palacios. Un siglo después se colocaron tederos, que eran como una especie de braseros situados sobre unos palos de dos metros de altura y que producían un tenue resplandor rojizo. A mediados del siglo XVIII la iluminación sólo consistía en unos faroles de aceite, colgados de cuerdas que atravesaban las calles y que no debían de dar mucha luz, ya que las noches con luna llena o cuarto creciente no se encendían.

Las cosas cambiaron radicalmente gracias a Charles Lebon, un «mago» que había iluminado todo París. La luz de gas había llegado. El 3 de julio de 1841 se firmó un contrato con Lebon, gracias al cual Barcelona pasaría a ser la primera ciudad de España con las calles diáfanas gracias la luz de gas. En octubre del año siguiente se inauguró el primer alumbrado y resultó ser infinitamente superior a cualquier otro método anterior. Era como si de repente, y por arte de magia, la noche se hubiera convertido en día. En algunos lugares, por ejemplo en La Rambla, la gente se quedaba maravillada porque tenía la ilusión de estar caminando bajo la luz del sol. Y eso que todavía tenía que llegar la luz eléctrica... pero habría que esperar hasta el 1929. Barcelona, finalmente, había salido de siglos de oscuridad y las cosas intangibles que se expandían dentro de las sombras también se habían retirado. La luz sería cada vez más potente, más clara, más deslumbrante. Quedaban menos claroscuros para imaginar...

La ciudad sublevada

COMO por arte de magia, minutos después de las ocho, un silencio absoluto cayó sobre la ciudad. La agitación urbana y el ruido de los quehaceres domésticos enmudecieron de repente. Sólo se oía el silbar del viento entre las barandillas y los gritos esporádicos de las gaviotas cerca del puerto. El silencio se fue haciendo aún más espeso; era denso, sepulcral. Todo el mundo callaba, asustado y aguzaba el oído. Los jinetes de la muerte amenazaban con cabalgar sobre la ciudad. A las once, cuando ya nadie lo esperaba, sonó la primera detonación, se oyó el silbido largo de la trayectoria, seguido de una gran explosión. De repente, todas las baterías de Montjuïc dispararon indiscriminadamente sobre la ciudad. El silencio fue asesinado por los gritos de los heridos, los lamentos de quienes lo perdían todo, los alaridos de quienes buscaban a los desaparecidos y la agonía de los moribundos. Fue una jornada de espanto y desolación. Durante todo el día la ciudad fue bombardeada. Incendios virulentos, casas reventadas, edificios derribados... El nuevo paisaje de Barcelona estaba formado por las humaredas que manchaban el cielo de hollín. Un paisaje pintado con los cañones de un ejército que se había sentido ultrajado.

Casas, palacios, iglesias y hospitales sufrieron el estrago de las bombas. El antiguo y notable edificio del Consell de Cent fue destruido. Doce horas duró el martilleo de los obuses. Y aún seguía a las diez de la noche. Cayeron sobre Barcelona 1.014 proyectiles, 472 edificios fueron derribados o incendiados, y muchas personas murieron. Étienne Cabet, el socialista utópico que vivió los hechos en primera persona, narró:

«Más de trescientos edificios están en ruinas. El ayuntamiento, que representa a la ciudad, parece que haya sido el objetivo principal de las bombas. Todo el barrio que lo rodea está arrasado, y la fachada principal del ayuntamiento está quemada... Los habitantes, asustados, llevan apresuradamente, no sólo los fusiles de guerra, sino las pistolas, los fusiles de caza, espadas con ricas ornamentaciones, sables adamascados, puñales orientales, en fin, todos aquellos objetos de lujo que son más curiosidades que auténticas armas».

A las doce de la noche, un cohete lanzado desde la comandancia del ejército anunció a los combatientes del castillo de Montjuïc el alto el fuego. Era el año 1842 y había estallado la sublevación ciudadana contra el servicio militar, los tratados comerciales que arrinconaban a la industria catalana, la prohibición de derribar la Ciutadella y, también, contra el regente Espartero, tan dubitativo con la Constitución. Fue la milicia de Barcelona quien inició la insurrección y los republicanos eran una parte sustancial de la misma, entre ellos, Abdó Terrades, Anselm Clavé y el capitán de la milicia nacional Narcís Monturiol.

El capitán general de Catalunya, Antonio Van Halen, incapaz de dominar la reacción ciudadana, humillado y asustado, esperó a que cayera la noche para huir de la ciudad, dando un gran rodeo hasta refugiarse en Sant Feliu, desde donde podía proveer de víveres al castillo de Montjuïc. En Barcelona se proclamó una junta, para pactar con el capitán general, formada por personalidades del comercio y la industria, así como por catedráticos, abogados y hombres de ciencia. Van Halen, sin embargo, amenazó con bombardear la ciudad. Aquello dejó consternada a la población. Se constituyó la nueva junta con el obispo, el abad Safont, el barón de Maldà y el fabricante Salvador Bonaplata, entre otros, para tratar de encontrar una salida digna a la situación. Espartero, el regente, no tardó en llegar rodeado de numerosas fuerzas. Quería doblegar a los rebeldes y restituir el honor del ejército, bombardeando masivamente la ciudad si ésta no se rendía. Ferdinand de Lesseps, cónsul de Francia, en representación de todos los cónsules, intercedió para que no se tomara aquella medida drástica y precipitada. Entre tanto, la situación se había desbordado y el liderazgo rebelde lo ostentaba ahora la Patuleia, nombre que recibían las facciones más radicales del pueblo, que izó banderas negras en señal de resistencia. Espartero, inconmovible, llevó a cabo su ultimátum y, al día siguiente, el fuego y la metralla cayeron sobre Barcelona. Cuando la situación se hizo insostenible, una comisión de vecinos desarmó a la Patuleia y abrió las puertas de las murallas. Van Halen entró en la ciudad con su escolta. Los cascos de los caballos retumbaban en medio de un vacío abrumador. Se extendía por la ciudad un silencio profundo y absoluto. Las calles estaban desiertas y todas las puertas cerradas a cal y canto. Espartero, altivo, y sin haber entrado en la ciudad, regresó a Madrid. Fueron fusilados una veintena de capitostes de la Patuleia, y el regente impuso una multa de doce millones de reales a los barceloneses. Además, amenazó con apresar a todo aquel que intentara eludir el pago; a pesar de ello, y debido a la resistencia pasiva de los ciudadanos, la multa nunca fue pagada.

Según la leyenda, una cantidad anómala de bombas nunca llegó a explotar, y durante años se conservaron como una muestra de la justicia de la causa barcelonesa. Un rumor se convirtió también en leyenda, por el cual se afirmaba que uno de los oficiales que mandaban las baterías de Montjuïc era hijo de la ciudad y saboteó cuantas bocas de fuego quedaron a su alcance.

Al conocerse la imposición de la multa, un grupo de amigos ideó un plan para burlarla. Consistía en borrar los nombres de las calles y los números de las viviendas para desorientar a los soldados que tenían que ir casa por casa a recaudar la contribución. La estratagema, sin embargo, era osada y uno de los conspiradores, propietario de una chocolatería, propuso a sus aprendices que llevaran a cabo el saboteo, pero aquéllos lo vieron demasiado arriesgado. El dueño les prometió que a su muerte les legaría el negocio, pero los jóvenes seguían sin atreverse. Finalmente, logró convencerles prometiéndoles que las nuevas calles que se estaban abriendo en el Raval llevarían el nombre de aquellos que hubieran realizado la hazaña. Seducidos por la gloria, los chicos cogieron botes de almagre, negro de humo y largas escaleras y, al oír la llamada a oración, salieron en cuatro grupos, uno por cada distrito, dispuestos a salvar a su ciudad. Al día siguiente, ante el sorprendido vecindario, aparecieron borrados los nombres de las calles y los números de muchas casas. Cuando la tropa salió a ejecutar la exacción de la multa, se vio imposibilitada para encontrar las calles que buscaba y, si lograba dar con alguna porque un soldado ya conocía el nombre, no había manera de encontrar el número deseado y, si por azar éste era adivinado, el vecino negaba su nombre y decía que era otro número y otra calle. No hubo manera de desenredar aquel lío. Los soldados tuvieron que volver a los cuarteles sin haber cobrado un real. Espartero, a pesar de su orgullo, se vio obligado a perdonar la multa. Desde entonces existen dos calles del Raval, la de Espalter y la de Sadurní, las cuales, según la tradición popular, llevan el nombre de dos de los héroes chocolateros.

En aquella época, la ciudad estaba dividida en cuatro zonas, cada una de las cuales tenía adjudicado un color. Los nombres de las calles y los números de las casas estaban pintados en las fachadas con pintura del color del barrio al que pertenecían. Hasta entonces, los nombres y números eran decididos por el pueblo, sin intervención del Ayuntamiento. Después de aquel acto subversivo, el Consistorio se ocupó de poner nombres oficiales a las calles. Fue entonces cuando se realizaron las losas de mármol con las letras de plomo fundidas en negro, que todavía hoy vemos, para que nunca más se pudiera provocar una confusión como aquélla. Seis meses después del bombardeo, la mayoría de capitales españolas se levantaron en masa, siguiendo el ejemplo de Barcelona, ante el poder abusivo del duque de la Victoria y su dominio despótico. Incomprensiblemente, Espartero tiene dos calles con su nombre en Barcelona.

España tenía diferentes velocidades y Barcelona fue el laboratorio donde se experimentaban los cambios sociales del país. Por eso ha sido recurrente el comentario entre ciertos políticos de Madrid de que cada cincuenta años hay que bombardear Barcelona. En vano Karl Marx había hecho ver que ésta era la ciudad europea que más luchas de barricadas había conocido a lo largo de su historia. Con todo, es curioso que el mismo año en que se encendieron las luces de la ciudad, lo primero que se pudo ver fue un bombardeo. A pesar de aquella manera de inaugurar la era de la tecnología, Barcelona, ante todo lo que tenía que venir, dejó de estar a oscuras para siempre.

EL CAMINO DE HIERRO

ANTIGUAMENTE, la gente se asustaba cuando una diligencia atravesaba un pueblo, dejando tras de sí una nube de polvo. Al ver un vehículo que podía ir tan deprisa apartaban a las criaturas para que no fueran atropelladas, además de porque estaban convencidos de que sólo el Diablo podía viajar en aquel vertiginoso carruaje.

Con el transcurso del tiempo, el diablo de la velocidad cambió de transporte y decidió subirse al tren. En España, el primer hombre tentado por este demonio fue Miquel Biada, mataronés, piloto de la marina, capitán de goleta en las guerras de independencia americanas y armador. Miquel Biada supo imaginar las extraordinarias posibilidades de acortar distancias y acercar personas.

El primer ferrocarril de España no se inauguró en la Península, sino en los territorios de ultramar, ya que fue construido en Cuba en 1835, salvando la distancia entre la Habana y Bejucal. Miquel Biada, que era un importante comerciante de la isla, fue un entusiasta impulsor del proyecto y se hizo el firme propósito de traer aquella revolucionaria innovación a su tierra para unir dos ciudades fortificadas, rodeadas por antiguas y obsoletas murallas, con el invento más futurista. Las dos poblaciones que quería acercar eran Barcelona y Mataró.

Sin embargo, en una época en que la Revolución Industrial todavía era algo difuso en las tierras catalanas, el proyecto no generó gran entusiasmo. Biada no se desanimó y consiguió que la mitad de las acciones fuera de capital inglés. Después, reunió a diversos hombres de comercio en el Saló de Cent y, en un inflamado discurso, consiguió que simpatizaran con el proyecto. Así fue como nació la *Gran Compañía Española del Camino del Hierro de Barcelona a Mataró y Viceversa*.

El trabajo fue inmenso. Se construyeron cuarenta y cuatro puentes y se tuvo que perforar una montaña para hacer el primer túnel de toda España, el de Montgat. Era el año 1848 cuando el ferrocarril se inauguró. Primero hizo un recorrido de prueba. El tren llevaba once coches de viajeros y seis vagones de carga. Viajaban cuatrocientos pasajeros: personal de las obras y algunos de los accionistas.

La inauguración oficial, sin embargo, estuvo a punto de suspenderse porque la noche anterior unos desconocidos destruyeron uno de los puentes, prendiéndole fuego. Se dijo, en aquel entonces, que los autores habían sido instigados por la empresa de diligencias Barcelona-Mataró, que veía gravemente amenazado su negocio. Y es que las diligencias invertían un día entero para hacer el recorrido de treinta y ocho kilómetros, mientras que el camino de hierro recorría la misma distancia en cincuenta y un minutos, con paradas y en treinta y uno, sin ellas.

Tuvo que pasar un tiempo para que todo el mundo reconociera el tren como un vehículo cotidiano. La caldera de fuego, las nubes de hollín, las sacudidas de la carcasa descomunal y los resoplidos del silbato hacían que aquel dragón de hierro ahuyentara a caballos, bueyes, rebaños y aves que durante centurias habían transitado beatíficamente por los campos y caminos.

Miquel Biada, sin embargo, no pudo ver cómo el tren asustaba a los animales, ni las sorprendidas caras de los campesinos, ni vio cumplido su sueño de unir ciudades. Murió sólo medio año antes de que se inaugurara el ferrocarril, víctima de una neumonía que le sobrevino durante una de las frías noches en que vigilaba la línea en construcción para evitar sabotajes.

Ésta es la historia de cómo el diablo de la velocidad empezó a viajar en tren. El mundo se volvió a empequeñecer e hizo más fácil la comunicación entre las personas.

Durante un tiempo, sin embargo, muchos fueron reticentes a reconocer estas ventajas y miraban el tren con recelo. Fue entonces cuando empezó a circular furtivamente un hombre que venía de Gador, Almería, donde había matado a un niño para que un tuberculoso pudiera beber su sangre. Era un hombre que llevaba un saco grasiento colgado a sus espaldas y secuestraba a las criaturas para extraerles la grasa. Después, la vendía a las compañías ferroviarias que con ella engrasaban vías y ruedas. Era el temido «hombre del saco».

EL DRAMA DE MONSIEUR ARBAN

L A bomba del Torí no estallaba, sino que se elevaba por los aires. El Torí era la vieja plaza de toros de la Barceloneta y el lugar donde ahora se disfrutaba del espectáculo de la ascensión de los globos aerostáticos. Era una diversión tan popular que muchos se subían a los tejados, a los palomares y a las azoteas de la ciudad para ver aquellas burbujas de colores que desafiaban la ley de la gravedad. El espectáculo se celebró hasta principios del siglo XX y, habitualmente, tenía lugar los domingos y días festivos. Los protagonistas de aquellas funciones eran los capitanes montgolfiers, los primeros hombres pájaro después de Ícaro que exploraban las, hasta entonces, inabarcables regiones de la atmósfera.

El primer aeronauta que hizo una ascensión en Barcelona fue el capitán Vicente Lunardi, en 1802. El artilugio, bautizado con el magnífico nombre de máquina aerostática, se exhibía en un huerto de la calle Lancaster antes de la demostración. El capitán Lunardi se elevó por los aires desde la plaza de toros de la Porta del Mar. Estando todavía a poca altura, una impetuosa corriente de aire impelió el globo hacia el mar y tuvo que descender precipitadamente. Cayó al agua a unos cuatrocientos metros de la costa y fue auxiliado por diversos marineros que habían seguido los movimientos del aerostato.

A mediados de siglo, el 7 de octubre de 1849, llegó a Barcelona monsieur Arban. Se trataba de un aeronauta francés de gran prestigio y valentía que venía a realizar tres ascensiones, si las condiciones climatológicas lo permitían; la tercera de ellas, acompañado por su esposa.

Las dos primeras jornadas fueron un éxito, motivo por el que el tercer día se congregó un gran número de gente dentro y fuera de la plaza. Monsieur Arban y su esposa harían una ascensión y mantendrían el globo suspendido a la altura de los palcos, seguidamente darían la vuelta a la plaza. Durante el trayecto distribuirían pequeños ramos de flores, bombones, caramelos, versos sobre las fiestas de los aerostatos y retratos de los aeronautas. A las cinco en punto, monsieur Arban, vestido de frac, y su señora, con vestido de seda negra y sombrero blanco, se instalaron en la cesta del globo y dieron la vuelta a la plaza ante la admiración de la concurrencia. Después, volvieron a situarse en el centro de la arena y acabaron de hinchar el globo para hacer la ascensión definitiva. El gas insuflado, sin embargo, tenía poca fuerza, y el globo, una vez libre, cayó tres veces sobre la gradería. Monsieur Arban, entonces, dejó ir todo el lastre de arena que llevaba, así como todos los aparatos; el globo, más ligero, pudo elevarse, aunque penosamente, volando más allá de la plaza. Fuera ya del recinto, el viento transportó con ligereza al globo, pero éste perdió fuerza otra vez y volvió a descender. El aeronauta, viendo la imposibilidad de elevarse por la mala calidad del gas, lanzó el ancla y dio por finalizada la exhibición. Dado que había salido de la plaza, que era el compromiso que tenía con el público que había pagado por ver el espectáculo, el trato quedaba cumplido. No obstante, la multitud de afuera, que no tenía derecho a reclamar nada, empezó a insultar a monsieur Arban, tildándole de cobarde. Herido en su amor propio, el aeronauta ordenó a su mujer que saliera de la cesta y cortó las amarras. El globo, rápidamente, se elevó a gran altura tomando la dirección del mar y desapareció entre las nubes. De inmediato, las barcas salieron al rescate del intrépido aeronauta, pero no sólo no lo encontraron, sino que nunca más se supo nada de él.

Durante más de cuarenta años, Barcelona vio pasear por sus calles a una triste figura. Era una anciana ciega y desvalida que imploraba caridad. Algunos todavía la recuerdan con su vestido de seda negra y el sombrero blanco. Era la viuda de monsieur Arban.

Quién sabe si la mujer perdió la vista de tanto mirar al horizonte. Tras los confines de esa línea, el espíritu de monsieur Arban quizá busca una corriente de aire favorable que lo retorne a tierra firme, donde un día dejó a su esposa por culpa del orgullo herido por los comentarios de unos ciudadanos.

La larga mano del cólera

A ciudad tenía iluminación por gas, industrias prósperas y estación de tren, pero continuaba amurallada. La densidad de población era enorme, de proporciones asiáticas, y mucha gente malvivía en cuchitriles. Las calles ahogadas, húmedas; las plazas, diminutas —las que hoy día vemos en Ciutat Vella— eran, en aquel entonces, cementerios o conventos. Los edificios cada vez eran más numerosos y más altos para dar cabida al aumento de la población, estrechando aún más aquellos callejones enrarecidos y sobrecogedores. A pesar de esta situación tan poco salubre, Madrid no terminaba de autorizar el derribo de las murallas, que no sólo encorsetaban a la ciudad, sino que la asfixiaban. Asfixiaban su demografía, su economía, su urbanismo y, por supuesto, su capacidad para expandirse. Las murallas, con la fortaleza de la Ciutadella y el castillo de Montjuïc, a lado y lado de la ciudad, formaban un cinturón que más que proteger a la población, la vigilaban; por eso se consideraban un símbolo de ominosa opresión. Todo el mundo quería derribar aquellos muros que les ahogaban. La sensación de aquellos barceloneses era parecida a la de los berlineses cuando, más de un siglo después, luchaban para eliminar el vergonzoso muro que les separaba.

Las sucesivas murallas que durante mil ochocientos años habían protegido a Barcelona, ahora la mataban. Fuera de las murallas quedaba por urbanizar todo el llano barcelonés, pero no se podía construir en la distancia que recorría una bala de cañón, ya que los militares argumentaban que si la ciudad era atacada, ése era el espacio de seguridad que necesitaban para que las tropas enemigas no pudieran parapetarse entre las casas.

No es de extrañar, pues, que en aquellas condiciones de aglomeración humana, los brotes infecciosos causaran estragos en la ciudad. Así ocurrió en 1854 con una virulencia extrema.

Al principio, los casos de cólera fueron pocos y aislados. Después, hubo tantas defunciones que el terror se apoderó de los barceloneses. Los que podían, escapaban precipitadamente de la ciudad, aunque la epidemia afectó a toda Catalunya y a España. Barcelona, encerrada en sus muros, iba quedando desierta. Y, como si el terror de los hombres les afectara, gorriones, golondrinas y vencejos también abandonaban la ciudad, los jardines y los paseos, dejándolos trágicamente silenciosos. Tampoco se oían las alegres estridencias de los niños.

Al cabo de pocas semanas, la ciudad presentaba un aspecto desolador. La mayor parte de las casas estaba cerrada a cal y canto, desde las tiendas hasta los áticos. Todo el que podía abandonaba su domicilio. Únicamente quedaban los familiares de los infectados, pero cuando se veía que el enfermo no se recuperaría, los parientes depositaban un ataúd detrás de la puerta del piso y lo dejaban en manos de la caridad y la asistencia pública. Farmacéuticos, herboristas, médicos, enfermeras y sacerdotes eran los únicos que permanecían en Barcelona, además de todos aquellos que no tenían recursos para huir. El deber o la miseria era lo que retenía a la gente en la ciudad.

Una calle tan concurrida como la de Ferran, quedó completamente vacía durante la epidemia de cólera. El tránsito era tan escaso que el musgo crecía entre los adoquines.

A la penosa impresión que provocaban los ahora solitarios callejones de Barcelona, tuvo que sumarse la disposición oficial de encender grandes hogueras en los cruces de las calles, como medida higiénica, ya que el microbio se encontraba en la atmósfera. Y para que el fuego produjera más humaredas salvadoras, se rociaba con alquitrán. Densas columnas de humo acre se elevaban sobre la ciudad, cubriéndola con una tétrica oscuridad.

El cierre de establecimientos, fábricas, así como la paralización de los negocios provocó la miseria de los menos afortunados. Todos aquellos que no tenían recursos para abandonar la ciudad, aún tenían menos para sobrevivir sin trabajo. El gobernador civil, para evitar que el hambre causara mayores estragos, consiguió, finalmente, que el gobierno autorizara la demolición de las murallas. Una multitud de desempleados encontraron trabajo derribándolas, y por fin entró aire fresco por las callejuelas de Barcelona.

Así nos lo ha explicado en sus memorias Conrad Roure, quien vivió aquellos dramáticos acontecimientos.

El espectro de la muerte, la reptante mano del cólera, se había llevado a 6.419 barceloneses. Pero no todo era desolación. Ahora había un llano que conquistar: el llano de Barcelona, allí donde se levantaría la nueva ciudad en contraposición a la ciudad vieja. Comprensiblemente, el recuerdo del azote de la epidemia y la necesidad de que no se repitiera influyó poderosamente en el diseño de la futura ciudad. Aquella ingente obra recayó en la persona de Ildefons Cerdà, ingeniero y urbanista, quien diseñó la Barcelona moderna, con calles anchas y bien ordenadas, siguiendo así criterios higienistas con el fin de evitar epidemias y mortandades.

Y es que Barcelona tenía hasta entonces unos índices de mortalidad desmesurados. La densidad de población era la más alta de Europa, más de novecientos habitantes por hectárea. Engels había mencionado en sus escritos aquellas condiciones. Si se contaban las personas que morían antes de los seis años de edad, la media de vida de los barceloneses era de treinta y seis años para los ricos, y de veintitrés para los jornaleros. Descontando a los niños fallecidos antes de los seis años, la media alcanzaba a los cincuenta años, aproximadamente. En las familias ricas, moría uno de cada tres hijos; en las pobres, fallecían la mitad de los vástagos.

Fiel a las teorías higienistas de su época, que sostenían que las enfermedades (miasmas) llegaban por el aire, Cerdà empezó a estudiar la relación entre metros cúbicos de aire respirable por habitantes y mortandad. Las cifras fueron escalofriantes. Desde la planta baja hasta el quinto piso —exceptuando el principal, que se destinaba a los ricos—, la mortandad crecía en un cuarenta por ciento. El piso principal —que era mucho más grande— tenía una mortalidad cuatro veces inferior a la del piso más saludable, que era el cuarto.

Cerdà, que fue uno de los fundadores del urbanismo moderno, entró en contacto con el socialismo utópico de Étienne Cabet y se relacionó, también, con Narcís Monturiol y con los republicanos federales. El resultado de sus investigaciones, así como sus ideas progresistas, lo puso al servicio del ensanche de la ciudad. Ensanche que orientó al sureste, diseñando las calles del mar hacia la montaña, porque se había comprobado estadísticamente que esta orientación provocaba menor tasa de mortandad, dado que los vientos predominantes en el llano de Barcelona venían de aquella dirección.

Además, las manzanas de las casas forman una cuadrícula y están orientadas de manera que cada chaflán mira a un punto cardinal diferente. Esta disposición minimiza las fachadas que miran totalmente al norte y totalmente al sur, y no deja ninguna casa sin luz directa del sol en algún momento del año, lo cual permite una mejor regulación de la temperatura de las viviendas.

Cerdà también propuso un nuevo concepto de vivienda, por el que ésta resultaba amplia, sana, bien aireada e igualitaria. Éste fue el fundamento sobre el cual se pensó la ciudad. Añadió buenas aceras, que hasta aquel momento habían sido muy escasas o tenían que ser compartidas con los carros y las carretelas de los ricos. Además, mandó plantar árboles para que dieran sombra en verano y sanearan el aire de la calle.

Barcelona, que en la antigüedad había sido conocida como la Ciudad Coronada, tuvo que derruir las murallas a causa del cólera de 1854 para agrandarse y sanearse, empresa que se realizó durante el Bienio Progresista. Las ciudades, con el vapor, el ferrocarril, la iluminación de gas y todos los inventos que las revitalizaban y fortalecían, hacía tiempo que habían dejado de levantar muros para defenderse.

El barco pez

Cuenta la leyenda que un día que Narcís Monturiol paseaba cerca del mar del Empordà, vio a un joven buscador de corales que se ahogaba y que fue en ese preciso momento cuando se le ocurrió inventar el submarino. Así pues, según esta tradición, Monturiol, republicano, socialista utópico y gran inventor, concibió la idea del submarino como un medio para explorar el fondo marino y mejorar la arriesgada vida de los coraleros.

Pero Monturiol, un hombre ingenioso, inventó muchos otros artilugios. Durante la Primera República fue director de la Fábrica Nacional de Moneda y Timbre e ideó un secador de aire caliente para que los sellos, una vez engomados, se secaran rápidamente. También inventó un nuevo modelo de fusil; e hizo un proyecto para traer aguas del Ter a Barcelona (un siglo después, aquello se hizo realidad). También inventó un procedimiento fisioquímico para la conservación de la carne. Dice la tradición que antes de patentarlo pasó el proyecto a un escribiente para que éste hiciera una copia, pero el avispado amanuense le robó el secreto y huyó al extranjero, donde se hizo rico gracias al desarrollo de aquella novedad. La imaginación de Monturiol no tenía límites. Entre otras innovaciones, hizo un procedimiento de fabricación de jabón en frío, una máquina para liar cigarrillos, un tranvía, suelas de zapato sintéticas, etc.

Con todo, el gran invento del sabio ampurdanés fue el *Ictíneo*, o nave pez, el primer submarino del mundo, que fue construido en una atarazana de la Barceloneta.

De la misma manera que Edwin Aldrin, Neil Amstrong y Michael Collin son los primeros astronautas que llegaron a la Luna, Josep Missé, Narcís Monturiol y Josep Oliu fueron los tres primeros seres humanos que descendieron en un submarino a las profundidades marinas. Y lo hicieron desde el puerto de Barcelona. La primera vez que se sumergieron navegaron durante media hora. Realizaron cincuenta y cuatro inmersiones más y, en una ocasión, permanecieron bajo el agua durante dos horas. Era la primera vez que los seres humanos exploraban el fondo marino. ¿Cuál debía ser la impresión de aquellos hombres al ver toda aquella inmensidad atravesada por los rayos perpendiculares del sol y habitado por todas las criaturas que allí nadaban?

Para conseguir tamaña proeza, Monturiol tuvo que solucionar problemas de naturaleza variada. El más importante fue la renovación del aire, tema que resolvió gracias a una mezcla de cinc, peróxido de manganeso y clorato potásico. Estas tres sustancias combinadas desprendían oxígeno, el cual era conducido, por un lado, a la máquina de vapor para hacer la combustión del carbón de coque y, por otro lado, era utilizado para la respiración de los navegantes.

El invento de Monturiol tenía un doble casco de madera de olivo de cien milímetros de grosor, recubierto de planchas de cobre, remachadas con clavos también de cobre. El espacio comprendido entre los dos cascos disponía de cuatro tanques, dos a babor y dos a estribor, con dos orificios a cada lado para el llenado y vaciado del agua.

El *Ictíneo* tenía 13,5 metros de eslora y una torreta de 40 centímetros que permitía la visión en todas las direcciones y que disponía de una única escotilla de acceso. La propulsión, así como el llenado y vaciado de los tanques, se realizaba gracias a una caldera de vapor. Y avanzaba mediante una hélice de cuatro palas. El equilibrio del submarino se conseguía mediante un peso que resbalaba por un carril de proa a popa, para ascender o descender a voluntad, o bien para navegar horizontalmente. La expulsión del agua de los tanques se realizaba inyectándole aire comprimido. Por todo ello, el submarino de Monturiol asentó los fundamentos mecánicos de la navegación subacuática actual.

El *Ictíneo* llegó a alcanzar los veinte metros de profundidad y, para demostrar su utilidad como barco de guerra, Monturiol hizo una demostración instalando unos cohetes que fueron disparados desde el submarino sumergido y que, saliendo a la superficie, estallaron en el aire.

A pesar de aquel gran espíritu innovador, Monturiol no logró implicar al gobierno en su invento, y el *Ictíneo* terminó su heroica travesía marítima convertido en chatarra. Fue vendido en el año 1868 y el motor del primer submarino del mundo se utilizó para mover las muelas de una fábrica de harinas.

El sorprendente viaje submarino del *Ictíneo* tuvo su continuación en el viaje utópico a Icaria. Monturiol difundió en Catalunya las ideas de Étienne Cabet, las cuales promulgaban una sociedad feliz basada en la fraternidad y la justicia social. Cabet y sus seguidores fundaron una sociedad utópica en Nauro (Illinois), en la cual participaron tres catalanes. Esta aventura fracasó por culpa de desavenencias personales, pero de aquel socialismo utópico quedaron un par de nombres significativos en la ciudad de Barcelona: en el rincón de Sant Martí más cercano al mar, unos idealistas fundaron un barrio, el Poblenou (Pueblo Nuevo), el cual no alude a un nuevo núcleo de población, sino a una nueva sociedad. Como el nombre de la avenida Icaria, para quien quiera rememorar el espíritu de aquellos hombres extraordinarios y recoger su testigo.

LA DOCTRINA DE LA NEURONA

HACÍA muchos años que se había descubierto que el cerebro era el órgano de la mente. Por otro lado, durante el siglo XIX, había tenido mucha repercusión una pseudociencia, la frenología, que era un estudio de la mente y del carácter basado en la observación de la forma del cráneo. Se había llegado a afirmar que las causas de la criminalidad estaban determinadas en las sinuosidades de esta zona ósea y el doctor alemán Gall había visitado algunas cárceles para comprobar que los condenados a muerte tenían deformaciones craneales. Todas aquellas teorías ya estaban muy arrinconadas cuando, en la parte alta del Raval, en la escondida calle del Notariat, delante del señorial palacio que hace de sede a los notarios, Santiago Ramón y Cajal hizo un gran descubrimiento. Una placa conmemorativa lo recuerda a los pocos viandantes que transitan por allí.

En el año 1887, el investigador llegó a la ciudad para ocupar la cátedra de Histología creada en la Facultad de Medicina de la Universidad de Barcelona, y fue al año siguiente cuando descubrió los mecanismos que gobiernan los procesos conectivos de las células nerviosas de la materia gris y del sistema nervioso cerebroespinal. Su esquema estructural del sistema nervioso como un aglomerado de unidades independientes y definidas pasó a conocerse como «la doctrina de la neurona», según la cual las neuronas cumplen la función de recibir e integrar información y de enviar señales a otros tipos de células excitables a través de contactos sinápticos. Estos contactos hacen que las neuronas se organicen en redes y sistemas mediante moléculas llamadas neurotransmisores.

La teoría de Ramón y Cajal fue un avance importantísimo para el conocimiento de la conducta humana, y así se le reconoció durante el congreso de la Sociedad Anatómica Alemana celebrado en Berlín en 1889.

Sus investigaciones le hicieron merecedor del premio Nobel de Medicina en el año 1906. Y tanta fue la fama de sus descubrimientos que incluso un cráter de la Luna fue bautizado con su apellido: Cajal.

EL PEQUEÑO SANTO

LOS avances técnicos y los cambios sociales habían transformado Barcelona, pero la sociedad feliz brillaba por su ausencia. Entre los disturbios de la lucha de clases, las huelgas, el estallido de bombas y la represión policial vivió Francesc Canals Ambrós, un joven que sería conocido como el Santet (el santito). Desde los catorce años de edad, trabajó como empleado en los famosos almacenes El Siglo, siendo muy apreciado por sus compañeros. Algunos decían que ya en aquel entonces podía prever el futuro; pero de lo que no había duda es que ayudaba a todos aquellos que le rodeaban. Falleció en 1899 a la temprana edad de 22 años. Su muerte fue muy lamentada y pronto empezó a correr la voz de que hacía milagros. Algunas dependientas de los almacenes visitaban su tumba para encomendarse a él antes de casarse, haciendo votos para que al futuro marido le fuera otorgada alguna de sus virtudes y, así, el matrimonio resultara propicio. Había quien le ofrendaba su ramo de novia y se comentaba que concedía favores si se le pedían fervorosamente ante su tumba.

Ciertos vecinos del Poblenou confesaban que realizaban sesiones de espiritismo para invocarlo y Rosita, una mujer de edad, aseguraba que en uno de estos rituales se le había aparecido su rostro y que algunos de los presentes se arrastraron por los suelos y presentaron signos de posesión. Pero de lo que no cabía duda era de la fe que mucha gente profesaba al pequeño santo.

Todo esto ocurrió hace más de un siglo, pero quien quiera visitar el cementerio del Poblenou y preguntar por la tumba del pequeño santo se encontrará con su nicho rodeado de exvotos, ramos, flores, velas, crucifijos, imágenes de santos... El cristal de su nicho tiene una ranura por donde la gente introduce mensajes escritos pidiéndole ayuda. Francesc Canals fue una persona sencilla y discreta, nacida en una época de grandes disturbios sociales. Hoy en día, entre el cambio climático, la integración de los inmigrantes, la carestía inmobiliaria y el terrorismo globalizado, Francesc Canals todavía escucha a las personas que creen en su bondad.

EL FIN DE SIGLO

ARCELONA celebró la llegada del siglo XX con un repique de campanas y haciendo ulular las sirenas de los barcos. Sin embargo, la centuria que se inauguraba llegaba preñada de otros ruidos y zumbidos que nada tenían que ver con la fiesta y la alegría. Algunos acontecimientos del año 1901 consignados en el anuario del *Diario de Barcelona* y extraídos del libro *Del llum de gas al llum elèctric (De la luz de gas a la luz eléctrica)*, de Carles Soldevila, así lo detalla:

«El doctor Robert, líder regionalista, preside un míting contra las corridas de toros. Un numeroso grupo de estudiantes con el motivo de iniciarse las vacaciones decretadas para celebrar las bodas de la Princesa de Asturias, canta la *Marsellesa*, profiere gritos subversivos y provoca a la policía. Cargas. Por la tarde, cuadrillas apedrean el Seminari, las Escoles Pies y los Maristes. Intentan maltratar a un sacerdote ante el hotel Continental.

El día 9 de febrero se levantó el estado de guerra que el gobierno había decretado el 12 de mayo del año anterior. Míting de consumidores de gas en el teatro Tívoli. Míting de Solidaritat Obrera en La Serpentina. Míting antirreligioso en la plaza de toros. Manifestación. Altercados. Un tiro. Detenciones. Se celebra la fiesta

"

del árbol. La Sociedad de Locomoción Electro-animal de Barcelona acuerda huelga para obtener la unificación de los jornales.

1 de mayo. Paro general. La policía suspende un míting socialista-libertario. Al salir, los asistentes apedrean unos cuantos edificios. En Sant Andreu, la turba asalta la casa de los Maristes y se llevan un crucifijo, unos candelabros de plata y un limosnero con céntimos.

2 de mayo. Continúa la huelga. Míting electoral regionalista. Mucha concurrencia. Un grupo de hombres con blusa azul, el uniforme popular, interrumpe al orador y, desde un palco, tiran al escenario un gato muerto. Protestas. Los perturbadores sacan navajas. A golpes de silla son sacados del local. Continúa el acto. Se oyen tiros en la calle y se suspende el míting. A la salida, un grupo numeroso baja por las Rambles cantando *Els Segadors* y de paso apedrean la legación de un diario. La policía disuelve el grupo y realiza algunas detenciones.

Jocs Florals. A la salida, cantos, gritos y cargas. En el extrarradio las turbas son dueñas de la situación. El gobernador transfiere la comandancia de la provincia al capitán general. Estado de guerra. Se inaugura la catorceava «Exposición del tubérculo de la patata» en el palacio de Bellas Artes.

El día 17 de mayo se levanta el estado de guerra. El día 19 hay elecciones de diputados a Cortes. Triunfan cuatro regionalistas, un dinástico y dos republicanos. El candidato que ha obtenido más votos no llega a tener ocho mil. Manifestación, cantos, gritos. Altercados. Procesión religiosa interrumpida. Se vocifera en las puertas de los templos. Cargas».

La atmósfera de Titán

DICEN que la silueta de las montañas de Collserola, vistas desde el llano de Barcelona, recuerdan a un gigante dormido. Según algunos, el gigante se enfrentó a un sarraceno de gran tamaño, otros afirman que luchó contra un coloso indio que trajo Colón de América. Después de vencerlo, pasó la noche en lo alto de aquellas montañas y nunca despertó a causa de una fuerte escarcha. Aferrado a un contrafuerte de la falda boscosa del Tibidado —quién sabe si se trata de uno de los brazos del gigante— se erige el Observatori Fabra, con su característico techo abombado y metálico que guarda en su interior el ojo que vigila el cielo, el telescopio. A lo largo de todo el siglo, aquel ojo ha estado observando el universo mientras a sus pies los barceloneses, en los primeros años de la centuria, levantaban barricadas, protestaban por la guerra de Marruecos, quemaban conventos, malvivían, se lanzaban bombas y morían a tiros por las calles.

El Observatori Fabra es el cuarto observatorio astronómico más antiguo del mundo aún en funcionamiento. Investiga dos vertientes: la astronómica y la meteorológico sísmica.

El primer director del Observatori fue Josep Comas i Solà. Cuenta la leyenda que la avenida del Paral·lel (Paralelo) lleva este nombre gracias a él. Comas convenció a una ex criada de la familia que había abierto un bar en aquella avenida para que pusiera el nombre de Paral·lel a su establecimiento. La popularidad y la fama de Comas convencieron a la propietaria. Con el tiempo, la acertada denominación del local acabó dando nombre a la concurrida avenida.

Comas i Solà, aparte de bautizar establecimientos, era un buen científico. Durante la primera década del siglo destacaron sus investigaciones con el telescopio ecuatorial Mailhat sobre Marte, Júpiter y Saturno. En un estudio realizado en 1907 se refiere a la probable existencia de un anillo alrededor de Júpiter, hecho que se confirmó mucho más tarde con las expediciones astronáuticas.

En 1908 hizo mención, por primera vez, de la probable existencia de atmósfera en Titán, satélite de Saturno. Posteriormente, esto fue demostrado por las observaciones espectroscópicas y las exploraciones espaciales de la sonda *Viking*. Estudiando aquella atmósfera se identificaron un gran número de moléculas orgánicas fundamentales. El científico catalán Joan Oró, que trabajó en importantes proyectos de la NASA, sugirió en 1961 que, en condiciones favorables, la vida podía haberse formado a partir de material orgánico originario del espacio, concretamente de cometas que habían impactado en la Tierra.

El impacto más reciente de un cometa, mejor dicho, de un trozo del cometa Encke, fue en Tunguska, Siberia. Sucedió en 1908 y el fuego de la explosión reflejó tanta luz que los habitantes de Londres, a diez mil kilómetros de distancia, podían leer de noche a oscuras.

En 1910 se hicieron observaciones en el Observatori Fabra del cometa Halley. Aquel mismo año, astrónomos de otros observatorios, con la nueva ayuda del espectroscopio, descubrieron en la cola del cometa cianógeno gaseoso, un elemento venenoso. ¡Y la trayectoria de la Tierra tenía que pasar por aquella cola envenenada! Surgieron voces de alarma y algunos desaprensivos vendieron pastillas de cometa y máscaras antigás.

La especialización del Observatori Fabra, sin embargo, fue y es, el estudio de pequeños planetas: los asteroides. Trabajo que consiste en seguir los cálculos de sus órbitas y, eventualmente, advertir si presentan algún peligro de colisión con la Tierra.

Desde el Observatori, Comas i Solà descubrió un cometa y once asteroides. Uno de ellos lo bautizó con un nombre muy acertado, el de nuestra ciudad, lo que nos hace fantasear con una Barcelona viajando por las inmensidades del espacio.

Las fuentes rojas

Era el año 1914 y había estallado la Gran Guerra. Una enorme cicatriz recorría Europa desde el Atlántico hasta la frontera suiza. Eran las trincheras. Los barceloneses morían como moscas y los diarios añadían hojas suplementarias para poder publicar todas las esquelas de los muertos. No morían, sin embargo, por las balas del campo de batalla, porque ni la ciudad ni el país entraron nunca en aquella contienda. Las muertes estaban causadas por la contaminación de las aguas. Éstas se habían infectado y estalló una implacable epidemia de tifus.

Una fuente pública, la de Jonqueres, causó la muerte a centenares de personas. El Ayuntamiento estaba abrumado. No sabían cómo detener aquella plaga maligna. Las discusiones sobre la calidad de las aguas potables enfrentaban los intereses de la Societat General d'Aigües de Barcelona y la de Aigües de Montcada, sin que se pudiera aclarar de dónde venía el foco pernicioso.

El abogado Amadeu Hurtado, que defendía los intereses de Aigües de Barcelona, fue señalando en un mapa los domicilios de las víctimas, hasta que en el transcurso de una semana quedó bien establecido que éstas vivían en un perímetro que recibía el agua de Montcada. El doctor Ramón Turró, del Laboratori Municipal de Barcelona, después de ser informado por el abogado Hurtado, fue a visitar al alcalde, Guillem de Boladeras, que parecía estar sumido en un mar de dudas, y no conseguía tomar ninguna decisión, como si todo aquello le sobrepasara y sólo confiara en la intervención de la divina providencia. Un enérgico doctor Turró, exigió al alcalde que cerrara los pozos de Montcada. En aquel momento, un abogado que defendía los intereses de los propietarios de otros pozos, dudó de las intenciones de Turró. Éste, enfurecido, giró sobre sí mismo, lo agarró por el cuello y lo empujó hasta el balcón, como si quisiera estrangularlo. El alcalde no cerró los pozos, pero aceptó una propuesta del doctor Turró: marcar con pintura roja las fuentes públicas donde llegaba el agua de Montcada. En aquellos tiempos, la mayoría de la gente no tenía agua corriente y utilizaba las fuentes para aprovisionarse de la misma. El doctor también mandó introducir permanganato rojo en las cañerías que venían desde Montcada, de donde procedía un agua que, precisamente, era más valorada que cualquier otra por su buen sabor. Turró creía que con aquella medida haría desistir a los más inconscientes cuando vieran salir agua roja de los grifos. El aspecto de las fuentes pintadas con la cruz roja era una estampa insólita, de apocalipsis bíblico, pero fue una medida determinante para cambiar el signo de la dramática situación. En diciembre ya no hubo ningún otro caso de tifus. En total, 9.431 personas sufrieron la contaminación. Murieron 2.036 barceloneses.

El primer vuelo a Mallorca

SOBRE Europa, los caballeros del aire se batían en duelo con biplanos sin darse cuenta de que la guerra no tenía nada de caballeresco. España no entró en la Gran Guerra, pero aquí también se volaba, aunque la aviación fuera muy incipiente. En plena guerra se estableció una carrera entre Barcelona y Mallorca. Sería la primera vez que se viajaría por aire desde la Península a Palma. Dos aviones salieron del Prat de Llobregat, por lo que se había tenido que segar el trigo para acondicionar el aeródromo. Era el año 1916. El aviador Coterillo hizo un vuelo de prueba. Se elevó unos metros, pero se desvió y golpeó con un ala unos fardos. El tren de aterrizaje quedó afectado. Ahora sólo quedaba para hacer el trayecto Salvador Hedilla, el otro piloto. En la madrugada del 2 de julio había buena visibilidad, a pesar de unas nubes bajas sobre el mar. Hedilla miró al horizonte y se ajustó el salvavidas de corcho. Acto seguido se elevó majestuosamente y, tras ascender quinientos metros en espiral, puso rumbo sur y desapareció entre la neblina. El contratorpedero *Proserpina* navegaba a treinta y cinco millas de la costa y el cañonero *Temerario* estaba de guardia a setenta millas en dirección sur. Salvador siguió volando entre la niebla. El viento de levante soplaba con fuerza y restaba autonomía al aparato. El aviador dudó; no estaba seguro de tener suficiente combustible en aquellas condiciones. Sin embargo, continuó. Subió hasta doscientos metros, prácticamente no había visibilidad. Un cuarto de hora más tarde, un claro entre las nubes le dejó ver el mar. Un calor sofocante procedente del motor y del sol le provocaba mucha transpiración, pero el trayecto continuó sin más contratiempos. A las seis de la mañana, el aviador vislumbró Mallorca, sonrió y, de nuevo, puso rumbo hacia el sur, hacia Sa Dragonera. Al entrar en la línea de costa, los fareros le saludaron. Entonces encontró fuertes turbulencias, causadas por las diferentes presiones que ejercían el mar y la tierra y una ráfaga de viento le arrancó el gorro y casi perdió, también, las gafas. Durante unos segundos no pudo ver nada y perdió el control del avión, pero enseguida puso rumbo firme hacia Palma. Veinte mil personas le aguardaban. Giró sobre la bahía y la ciudad, había llegado el momento de descender, pero cuando estaba a diez metros, la prudencia le aconsejó no aterrizar entre el público. Por ello, llegó hasta un campo de rastrojos en el centro de la isla que, casualmente, llegaría a ser el aeropuerto de Son Sant Joan. Invirtió con su *Monocoupé II* dos horas y ocho minutos para cubrir los 242 kilómetros de Barcelona a Palma. Se había inaugurado el primer vuelo a las Baleares. El primer vuelo sobre el Mediterráneo lo efectuó Roland Garros, en 1913, con un hidroplano, volando de Marsella a Túnez, acompañado por barcos de guerra.

La huelga de la Canadenca

EL 23 de febrero de 1923, seis meses antes del golpe de estado de Primo de Rivera, llegó a Barcelona un científico que había cambiado el paradigma de cómo se entendía el mundo hasta aquel momento. Era Albert Einstein. Acompañado por su esposa, se alojó en el sencillo hotel Les Quatre Nacions. El Ayuntamiento le tenía reservada una habitación en el Ritz, pero Einstein se limitó a contestar al representante del Consistorio: «Soy un ciudadano modesto, y he escogido la habitación que corresponde a mi categoría».

Einstein dio tres charlas sobre la relatividad. Durante su estancia, recibió la visita de miembros del Sindicato Único del Ramo de la Distribución, que le invitaron a conocer su sede. El científico acudió y tuvo la ocasión de escuchar al famoso sindicalista Ángel Pestaña, quien le explicó la represión que sufría la clase obrera en España. Einstein contestó que, seguramente, la causa se debía más a la estupidez que a la maldad.

Lejos de la sede del sindicato, que se encontraba en la calle de Sant Pere Més Baix, había una fábrica popularmente conocida como la del Cànem. Era propiedad de los Godó, los dueños de *La Vanguardia*, y se hallaba en el Poblenou, aquel barrio fundado por idealistas del siglo XIX. Las condiciones de trabajo eran muy precarias en aquella industria. Según el escritor Xavier Berenguel, vecino del barrio, las obreras que allí trabajaban eran mujeres abotargadas, barrigudas, teñidas con los colores del hambre, de la pestilencia y de la miseria, que las arañaba hasta que morían entre los veinticinco y los treinta años. Pocas llegaban a los cuarenta. Apestaban al tufo espeso de aceites pesados de esparto, de gorra, de miseria. Era como si no tuvieran edad, animales de energía a bajo precio. Minutos después de las ocho de la mañana disponían de media hora libre; muchas de ellas, en lugar de descansar o de desayunar un poco, salían rápidamente a comprar alguna cosa en el mercado para cenar por la noche. A la hora de comer se las solía ver en el suelo, buscando la sombra de un árbol o de una casa, si era verano. Salían sucias, exhaustas, como sonámbulas. Una placa situada en la Rambla del Poblenou las recuerda.

Aquellas obreras no tenían tiempo ni para estar con sus hijos, que se tenían que quedar con otras mujeres, quienes cobraban por cuidarlos.

Aun así, la vieja reivindicación de ocho horas para dormir, ocho horas para trabajar y ocho horas para el hogar, se había convertido en ley en España gracias a una huelga que tuvo lugar en 1919. La famosa huelga de la Canadenca, aunque aquel derecho tardó mucho en hacerse extensible a todo el mundo.

El antecedente más importante de la reivindicación de la jornada laboral de ocho horas tuvo lugar el primero de mayo de 1886, cuando los obreros de Chicago iniciaron, precisamente, una huelga para conseguir aquellas condiciones. Los diarios tildaron la reivindicación de «delirio de lunáticos poco patriotas». La huelga acabó días después en la revuelta de Haymarket, reprimida violentamente por la policía. Un año más tarde, cinco sindicalistas fueron condenados a morir ahorcados por aquellos hechos, y otros tres irían a prisión, dos con cadena perpetua y otro penado a quince años de trabajos forzados. Curiosamente, todos ellos eran inmigrantes, excepto un norteamericano, al que le cayó la pena más «leve».

En 1889, en homenaje a aquellos sindicalistas, la II Internacional decidió celebrar el 1 de mayo como Día de los Trabajadores. Curiosamente, se celebra en todo el mundo occidental, excepto en los Estados Unidos y en Gran Bretaña.

En Barcelona, el derecho de la jornada de ocho horas se consiguió a raíz de una huelga que empezó el 21 de febrero de 1919.

La Canadenca era la séptima empresa productora de electricidad del mundo y la primera de Europa. Unos cambios que introdujo la empresa en las condiciones de trabajo del personal de facturación supuso una disminución de los salarios. Los trabajadores pidieron apoyo a la CNT (Confederación Nacional del Trabajo), y la dirección de la empresa respondió despidiendo a ocho de los afectados. Aquello hizo que todo el personal de facturación se declara en huelga. Entonces, la empresa despidió a 140 trabajadores. Ante aquellos hechos se declaró la huelga total.

En aquella pugna, la Canadenca lanzó un ultimátum a los huelguistas. La tensión aumentó aún más cuando fue asesinado un cobrador de la compañía. La CNT declaró la huelga en todo el sector y en empresas participadas por la Canadenca (Catalana de Gas, Ferrocarrils de Sarrià y Societat General d'Aigües). Barcelona quedó totalmente a oscuras, dejaron de publicarse los periódicos, los tranvías quedaron paralizados, así como muchas fábricas de la ciudad y de sus alrededores. Barcelona se convirtió en una ciudad fantasma.

Para poner fin a aquella situación, las compañías de agua, gas y electricidad lanzaron un nuevo ultimátum. Los trabajadores que no regresaran a sus puestos antes del 6 de marzo se podían considerar despedidos. El capitán general de Catalunya, Milans del Bosch, proclamó un bando ordenando la movilización de los empleados de una determinada franja de edad bajo amenaza de cuatro años de prisión. La medida no tuvo ningún efecto, porque los huelguistas que se presentaban a su lugar de trabajo se negaban a llevarlo a cabo. Entonces, los encerraban en el castillo de Montjuïc. Tres mil obreros llegaron a estar en prisión.

Nunca se había encarcelado a tantos trabajadores, de manera que la CNT declaró la huelga general en Catalunya. El gobierno, a su vez, contestó decretando el estado de guerra. Aun así, envió al subsecretario de Presidencia a Barcelona para pactar con el comité de huelga.

Así fue como aquella protesta local se convirtió en una huelga general que reivindicaba al gobierno la apertura de todos los sindicatos clausurados, la libertad de los trabajadores encarcelados y el establecimiento de la jornada laboral de ocho horas.

Se llegó a un acuerdo. Se otorgaría libertad a los obreros. Las empresas readmitirían a los huelguistas sin represalias. Se pagaría la mitad de los días que había durado la huelga, se establecería la jornada de ocho horas y se levantaría el estado de guerra. Habían pasado cuarenta y cuatro días de huelga pacífica. El 3 de abril, un decreto del gobierno establecía la jornada de ocho horas.

De esta manera, se obtuvo en Catalunya y en España una ley que defendía la jornada reivindicada. Fue una victoria pionera en Europa.

Si aquellas reivindicaciones se hubieran cumplido en aquel entonces, quizá las cosas no hubieran ido tan mal.

La lucha entre obreros y patronos continuó. La situación se emponzoñó. Todavía quedaban trabajadores encarcelados. Se decretó la ley de fugas. Los amos contaban con el apoyo de la policía, el ejército, el somatén y los sindicatos amarillos, que cubrían el trabajo de bandas dirigidas por matones, como el falso barón de Koenig, procedente del espionaje alemán durante la Primera Guerra Mundial. Por parte del movimiento obrero pronto surgieron grupos de pistoleros y terroristas. El mal ambiente que se creó anticipó las prácticas mafiosas y las guerras sucias de gánsteres, que después serían célebres en las ciudades americanas. Entre ellas, Chicago, donde precisamente hubo una manifestación para reivindicar la jornada laboral de ocho horas, que se convirtió en un símbolo internacional.

Cuando llovían bombas

DELANTE del cine Coliseum, en la Gran Via de les Corts Catalanes, hay una escultura que resulta un poco críptica, ya que es como una especie de enrejado metálico vertical. La placa situada en el suelo informa de que se trata de un monumento en recuerdo a las víctimas de los bombardeos aéreos en Barcelona durante la Guerra Civil. Pocas personas que hacen cola en el cine o que pasean distraídas ante el monumento conocen el drama que sufrió la ciudad y la gran catástrofe que tuvo lugar justo en aquel lugar.

A partir de la Segunda Guerra Mundial, las víctimas civiles superaron sobradamente a las militares. Desde entonces, los bombardeos masivos de poblaciones nos parecen escenarios habituales de las guerras. Desgraciadamente, Barcelona fue la primera ciudad del mundo donde se experimentó con los bombardeos indiscriminados al margen de los objetivos militares. Era el nuevo modelo de guerra, hacia la guerra total. Bombardeos diseñados para conseguir la desmoralización de la población y forzar su rendición. Mussolini había declarado que la aviación podía ganar una guerra mediante el terror. Fue una experiencia demoledora que duró tres años.

Cuando estalló la guerra, la República realizó una ofensiva para recuperar Mallorca, pero fracasó. La isla se convirtió en una plataforma aeronaval desde donde se podía amenazar la retaguardia republicana. Barcelona sufrió las consecuencias de la ofensiva fallida. Desde entonces, la *aviazione legionaria* italiana estaba a pocas horas de la ciudad.

Barcelona había llegado al millón de habitantes, y la población era eminentemente joven. El primer ataque se produjo el 13 de febrero de 1937. Hasta el final de la guerra tuvieron lugar 192 bombardeos.

Al principio, cuando sonaba la alarma, la población, despreocupada, subía a las azoteas para ver a los aviones, o continuaba sentada en las terrazas, sin inmutarse. Las cosas cambiaron rápidamente ante los estragos causados por los bombardeos.

En 1937 todavía no existía el radar, por lo que la población sólo disponía de unos minutos para refugiarse. Los aviones se veían o se oían llegar. Servía como alarma el malestar que demostraban los animales domésticos, perros, gallinas o palomas. De hecho, los aullidos de los perros eran el primer indicio de que los aviones se acercaban. En aquel momento se oía por los altavoces un mensaje grabado: *«Atenció, barcelonins! Hi ha perill de bombardeig. Aneu amb calma i serenitat als vostres refugis. La Generalitat de Catalunya vetlla per vosaltres!».*[9] Pero el pánico siempre estaba presente. Algunos corrían en pijama, en bata, vestidos con lo primero que habían podido agarrar. Otros llevaban criaturas en los brazos, y aún otros cargaban con pequeñas pertenencias que querían salvar. La gente se amontonaba como ratas en los refugios antiaéreos y en las estaciones de metro, cubriéndose con man-

---

[9] *«*¡Atención, barceloneses! Hay peligro de bombardeo. Id con calma y serenidad a los refugios. La Generalitat de Catalunya vela por vosotros».

tas y rodeados de las cosas imprescindibles que habían podido coger de casa. Muchos quedaban paralizados por el pánico. Los niños se escapaban y subían a las azoteas para ver el espectáculo del cielo, los bombardeos, las explosiones, el humo, el fuego, los reflectores, los ataques de los antiaéreos, la guerra en directo. Cuando los ataques se realizaban de noche, la ciudad quedaba a oscuras. Se ordenó que los grandes almacenes, al sonar la alarma, mantuvieran las puertas abiertas durante tres minutos para que la gente decidiera si quería quedarse o salir. Los que se quedaban tenían que bajar al refugio. Después, se cerraban las puertas hasta que el peligro hubiera pasado. También estaba prohibido que los guardias municipales hicieran sonar el silbato tras un bombardeo, con el fin de suavizar la tensión de la ciudadanía.

Para proteger a la población se construyeron cerca de 1.400 refugios antiaéreos. Las escaleras tenían forma de zigzag para evitar la entrada de metralla. La construcción de refugios se conocía como la defensa pasiva. Era la respuesta al asedio que sufría la ciudad. Un asedio, en esta ocasión, insólito, un asedio aéreo. La mayoría de ayuntamientos y edificios públicos tenían refugios. Las plazas mayores, también; así como las escuelas, las fábricas, los aeropuertos y los puertos.

Todo aquel que haya paseado por una de las placitas más escondidas y encantadoras de la ciudad, la de Sant Felip Neri, se dará cuenta de que su iglesia está acribillada de impactos. Parece como si alguien hubiese disparado contra la fachada. No son impactos de bala, sino metralla de un dramático bombardeo aéreo que se produjo el 30 de enero de 1938. Una bomba dio de pleno sobre el convento y la iglesia de Sant Felip Neri, donde había niños de *Protecció de Menors* —refugiados de la guerra—, que se protegían de los bombardeos, y causó una gran mortandad. Mientras se retiraban los escombros del lugar, otra escuadrilla de bombarderos dejó caer una nueva carga. En la placita —hoy ensanchada por el barrido de los edificios— las bombas cayeron sobre el personal de rescate. En el recuento final hubo 153 personas muertas, la tercera parte de ellas, niños. Aun así, los bombardeos más aniquiladores que sufrió la ciudad se produjeron los días 16, 17 y 18 de marzo de 1938. Los barceloneses, agotados, hambrientos y atemorizados por los ataques aéreos, contra los cuales no parecía haber defensa posible, sufrieron 1.300 muertes, 2.000 heridos; además, una parte del centro de la ciudad quedó destrozada. Los escombros de las casas bombardeadas llenaban la ciudad, que se había convertido en un montón de solares. Las ambulancias no podían acudir para rescatar a las víctimas por falta de gasolina. Las bombas cayeron desde Sant Andreu al Poble Sec, el Poblenou y en el núcleo antiguo de la ciudad.

La noche del 16 de marzo 1938, Mussolini ordenaba a la aviación italiana con base en Mallorca que detuviera todas las operaciones en marcha y se concentrara en bombardear Barcelona. Fueron los ataques más pavorosos y mortíferos de toda la guerra. El 17 de marzo, a las dos de la tarde, cinco aviones italianos se precipitaban en formación de flecha, sobre la zona más céntrica de Barcelona, formada por las calles Balmes, rambla de Catalunya, Enric Granados y el edificio de la universidad, cuyo pequeño antiaéreo abrió fuego. Los aviones dejaron caer las bombas a lo largo de la Gran Via, después dieron la vuelta y se fueron. Todo pasó en tres minutos, pero se oyó una enorme explosión; entre el polvo y el humo se pudo apreciar la magnitud de la hecatombe: casi todos los edificios del lado montaña de la Gran Via habían caído; de muchos otros sólo quedó la fachada. El cine Coliseum, extrañamente, no resultó muy castigado. En el lado mar, todas las fachadas estaban derruidas excepto dos, que hoy en día todavía se sostienen. La Gran Via era un cúmulo de escombros, muebles y balcones que habían sepultado a vehículos, tranvías y docenas de cadáveres. La tragedia se había multiplicado a causa de un camión que trasladaba cuatro toneladas de natamita, un explosivo muy potente que había recibido parte de la metralla del bombardeo. El vehículo, sus ocupantes y un buen número de viandantes se habían volatilizado. Los ataques aéreos se fueron sucediendo a intervalos. Entre las 22:08 horas del día 16 y las 15:07 horas del día 18 se sufrieron trece ataques aéreos. Joan Maragall escribió: *«El fang dels teus carrers, oh, Barcelona, es pastat amb sang».*[10]

Por primera vez en la historia, una ciudad de más de un millón de habitantes era sometida a una agresión semejante. Aquel día murió más de un millar de personas. Fueron totalmente destruidos 48 edificios y otros 75 sufrieron graves desperfectos. Aquel bombardeo desató el pánico y su eco llegó a la opinión pública de todo el mundo. «Nunca se había conocido nada parecido», declaró el embajador americano. Nehru, jefe del Congreso y mano derecha de Gandhi, afirmó: «Los bombardeos sobre Barcelona son algo horrible que jamás podré olvidar». Tanto impacto causaron estos hechos en la opinión internacional que Winston Churchill, el 18 de junio de

---

[10] «El barro de tus calles, oh, Barcelona, está amasado con sangre.»

1940, en plena batalla de Inglaterra, cuando el terror por los bombardeos alemanes también era extremo, puso como ejemplo el coraje de los habitantes de Barcelona: «No quiero menospreciar la severidad del castigo que cae sobre nosotros, pero confío en que nuestros conciudadanos serán capaces de resistirlo, tal y como hizo el valiente pueblo de Barcelona». En cambio, el primer responsable, Mussolini, se vanagloriaba de que los italianos horrorizaran al mundo con su agresividad, en lugar de seducirlos con los acordes de su guitarra.

En el refugio antiaéreo de la calle Nou de La Rambla, la noche del 17 de marzo, una parte de la construcción se derrumbó sobre un grupo de niños que dormía sobre el suelo. Un testigo, Carme Cabanes, explica: «Mi hermano Manel no quería ir nunca al refugio, tenía cinco años y le daba mucho miedo, pero durante unos bombardeos muy fuertes le obligaron casi a la fuerza. Al refugio fueron mi madre y mis hermanos, con mi tía y mis primos. Los cinco niños dormían juntos, bajo una manta, cuando a causa de una bomba parte del refugio les cayó encima. Cuando los sacaron, mi hermano todavía estaba vivo, pero no encontraron ninguna ambulancia ni ningún coche para llevarlo al hospital. La sangre le salía de los ojos y de las orejas. Mi madre, en volandas, lo llevó al Hospital Clínic. Pero murió. También mi prima de ocho años. Mi madre todavía conserva la ropa que mi hermano llevaba aquel día, quiere que cuando ella muera la pongan en su ataúd».

También la Legión Cóndor alemana se encarnizó con la ciudad, sobre todo en enero de 1939, cuando incluso los *Ju-87 Stuka* bombardeaban el puerto. Barcelona sufrió ataques hasta el 25 de enero de 1939, un día antes de la llegada de las tropas fascistas a la ciudad. Entraron paseando. El hambre y los bombardeos habían dejado exhaustos a los habitantes.

En total murieron cerca de 3.000 personas, y 1.500 edificios sufrieron los estragos de las bombas. El puerto también resultó afectado, y la Barceloneta fue prácticamente destruida y evacuada. Era el segundo barrio arrasado en la historia de Barcelona. El primero fue el de la Ribera durante la Guerra de Sucesión. La retaguardia de la guerra, agravada por los bombardeos, fue durísima. Entre los indicadores de la epidemia de hambre que sufrían las ciudades catalanas estaba el aumento de perros vagabundos, abandonados porque sus amos no los podían alimentar; otro signo era la desaparición de gatos, que de la noche al día se convertían en conejos. Catalunya recibió a un millón de refugiados. El hambre incrementó muchísimo la mortandad infantil. Los obesos perdían hasta el 40 por ciento de su peso. La activa solidaridad de los cuáqueros, que hicieron envíos importantes de leche en polvo para los niños, salvó probablemente a muchas criaturas catalanas.

La madrugada del 25 de enero de 1938 se pudo ver una gran cortina luminosa en el cielo de los Pirineos. Era una aurora boreal. También se distinguió desde el Tibidabo. Nunca se había podido ver una tan hacia el sur, y causó una gran conmoción entre los ciudadanos y los combatientes del frente de Aragón. Hubo quien quiso ver símbolos mágicos y de mal agüero, sobre todo ante las noticias del desarrollo de la guerra. Quizá tenían razón, porque exactamente un año más tarde, ni un día antes ni un día después, las tropas franquistas llegaron a las puertas de Barcelona.

Himmler y el Santo Grial

L 1 de julio del año 985 se presentó ante la playa de Barcelona una poderosa flota musulmana que procedía del Algarve. A su vez, un feroz ejército árabe llegaba a la ciudad. Tras seis días de asedio, Barcelona fue asaltada, pero la noche antes de que esto ocurriera el conde Borrell II se escapó con el fin de reunir un ejército. A la mañana siguiente, las tropas de Almanzor saquearon la ciudad.

Cuando el caudillo regresó a Córdoba transportaba en sus barcos un gran botín: joyas, el tesoro de la ciudad y los vasos sagrados de las iglesias, según explican las crónicas y leyendas.

Aquel suceso estremeció a la cristiandad y los juglares escribieron versos sobre la trágica noticia y sobre un conde herido, recorriendo las montañas buscando hombres para formar un ejército. Se narraba el saqueo de los templos y de cómo el caudillo musulmán se había apoderado del cáliz de la Santa Cena, el Santo Grial, y de la lanza con la cual el soldado romano Longinos hirió el costado de Cristo en la cruz.

El iniciador de aquella leyenda fue Chrétien de Troyes en su obra *El Conde del Grial*. Después, Robert de Boron, en su poema *José de Arimatea*, narró como José conservó en su casa el cáliz de la Santa Cena con el que después recogería las gotas de sangre que caían del costado de Jesús, al ser descolgado de la cruz. Y así, el vaso adquirió un doble significado místico. Robert de Boron también indicaba que el cáliz, el Santo Grial, sería llevado a Occidente.

En 1207, un trovador alemán, Wolfram von Eschenbach, escribió una nueva versión, con el título de *Parsifal*. Según el periodista José María de Mena, Parsifal podía corresponder a la pronunciación alemana de Percival, manera como pronunciarían los trovadores franceses el nombre de un caballero barcelonés: Pere Savall. El lugar donde Wolfram sitúa el argumento es la *Terra Desolata* a causa de una invasión sarracena que, perfectamente, podría ser la de Almanzor, quien devastó el condado de Barcelona y conmocionó a Europa.

Según Mena, realmente existió una familia noble barcelonesa, los Savall, el escudo de la cual, con un círculo de azur sobre campo de oro, podía verse en la capilla de Sant Esteve, en Santa Maria del Mar.

Éstos son los antecedentes de la ópera *Parsifal*, escrita por Richard Wagner. El argumento nos habla del héroe de este nombre, que había perdido a su familia en la guerra y que fue llevado ante el rey de los Pirineos por practicar la caza furtiva. El monarca conserva en la capilla de su castillo el Santo Grial y la lanza con la cual Longinos hirió el costado de Cristo.

La descripción del lugar recuerda a las montañas de Montserrat, y el rey de los Pirineos podría ser el conde de Barcelona refugiado allí.

La existencia del cáliz en Montserrat responde a una tradición religiosa según la cual el santo vaso se guardaba en la catedral de Valencia y, al producirse la invasión árabe de 711, fue trasladado a los Pirineos para salvarlo de la profanación, tal y como se hizo en toda la Península escondiendo las reliquias e imágenes sagradas en las montañas.

Parsifal termina siendo nombrado caballero cuando el rey tiene conocimiento de que es hijo de un heroico guerrero que murió luchando contra los sarracenos.

Un año después, los árabes se disponen a atacar la montaña donde se encuentra el castillo del rey y, según una profecía, sólo podrá salvar el país un caballero elegido de Dios que reúna todas las virtudes y que sea valiente. El rey cree que es Parsifal y lo envía contra los árabes. El caudillo musulmán, sin embargo, informado por sus espías, decide mandar a Kundry, una mujer bellísima, para seducir a Parsifal. Mientras el caballero lucha contra las tentaciones, el caudillo sarraceno asalta la montaña, hiere al rey, saquea el castillo, se apodera del Grial y emprende la retirada con su preciado botín.

A su vez, Parsifal, emergiendo triunfante de las tentaciones, encuentra a un ermitaño que le ordena volver al castillo. En el camino se encuentra con los sarracenos, se encomienda a Dios y ataca al caudillo musulmán, al cual arrebata la lanza de Longinos. En las manos del caballero, la lanza se convierte en un rayo deslumbrante que ciega a los enemigos y ahuyenta a todo su ejército. Parsifal recoge el Santo Grial que llevaba el caudillo muerto, se lo lleva al castillo y lo devuelve al malherido rey que, al abrazarlo contra su pecho, sana de las heridas.

En procesión, el Santo Grial es llevado a la capilla. El monarca quiere, entonces, entregar su corona a Parsifal, pero el caballero, como todos los héroes, ha de cumplir con su propio destino y tras despojarse de la armadura, se viste con una túnica, coge un bastón de peregrino y baja la montaña alejándose del mundo.

Ésta es la historia.

La ópera *Parsifal* se estrenó en Barcelona antes que en cualquier otro lugar de Europa. En la Ciudad Condal había un numeroso grupo de wagnerianos que supieron apreciar los primeros versos del poema: «En el Cielo hay un castillo y su nombre es Montsalvat».

Durante unos *Jocs Florals*[11] se identificó el Montsalvat de Wagner con Montserrat.

Una leyenda cátara aseguraba que poco antes de caer el castillo de Montsegur, el 1244, el Grial se escondió en las entrañas de la montaña, y con él el tesoro y la Biblia cátara. A lo largo del siglo XX, diferentes investigadores intentaron encontrar las cuevas del Grial en Montsegur, pero la montaña es un bloque de piedra compacta y sin fisuras. En cambio, Montserrat es todo lo contrario. Dicen que una fuerte corriente telúrica otorga a todo el conjunto un aire misterioso y mágico. Y se empezó a pensar que el Santo Grial estaba escondido en el centro de la montaña de Montserrat...

Cuando los nazis tomaron el poder, el *reichsführer* SS, Heinrich Himmler, fundó el Ahnenerbe, la Oficina de Ocultismo, con la finalidad de localizar y obtener ciertos objetos simbólicos y sagrados, como el arca de Noé, el arca de la Alianza, la Menorah, etc.

Dicen que Himmler se creía la reencarnación de Heinrich, el Cazador, fundador de la estirpe real de Sajonia en el siglo X. Adoraba al dios Wotan y realizaba rituales paganos que ensalzaban a la raza aria para dominar al mundo.

[11.] Juegos Florales, una celebración poética.

Cuando los nazis se anexionaron Austria, lo primero que Himmler hizo fue ir a buscar la santa lanza del tesoro de los Habsburgo, que creía que era la de Longinos. Himmler quería reunir la lanza con el Santo Grial, ya que en el ciclo artúrico permanecen juntos.

Posteriormente, el 23 de octubre de 1940, el mismo día que Hitler y Franco se entrevistaban en Hendaya, Heinrich Himmler visitó la abadía de Montserrat, ya que aquella montaña bien pudiera ser el Montsalvat del ciclo artúrico: la montaña del Grial.

La ciudad de Barcelona se había engalanado en su honor. El jefe de policía del Reich tenía la gentileza de visitar la Ciudad Condal. Sólo hacía ocho días que el presidente de la Generalitat, Lluís Companys, había sido fusilado en Montjuïc.

Himmler se alojó en el hotel Ritz, concretamente en la habitación 207, y alguien le robó un maletín negro del cual nunca se volvió a tener noticia. Quizá allí llevaba planos de cuevas de Montserrat, pasadizos y grutas bajo la abadía, ya que se comentaba que podía haber un gran lago subterráneo.

Cuando Himmler visitó la abadía, lo llevaron ante la Moreneta, pero al nazi sólo le interesaba la montaña y la biblioteca.

—Quiero ver los documentos sobre Percival y el Grial... —exclamó rudamente.

Himmler buscaba el cáliz sagrado y tenía indicios de que podía encontrarse o bien en el Montsegur de los cátaros o en la montaña de Montserrat. El caso es que después de llevar a cabo sus pesquisas, no halló lo que buscaba. ¿Cómo podía encontrar el Santo Grial alguien que se dedicó a exterminar, metódica y sistemáticamente, a millones de personas?

Barrios fantasmas

AY unos pocos nombres (Somorrostro, Pequín, Camp de la Bota, Parapet, Bogatell, Mar Bella) que durante mucho tiempo sonaban como nebulosos, irreales, fuera de la geografía admisible de la ciudad. Eran términos que evocaban lugares vergonzosos, peligrosos, inquietantes y prohibidos para muchos barceloneses. Eran nombres de barriadas deslavazadas, hechas de barracas construidas en la misma línea de mar, expuestas a temporales e inundaciones que derribaban las chabolas y se llevaban mar adentro a algunos de sus vecinos. No tenían luz ni agua corriente. La suya era la dignidad de la *uralita*. Eran barriadas de inmigrantes paupérrimos situadas entre la Barceloneta y el río Besòs. Algunos de los nombres de aquellos barrios fantasmas se fueron difuminando. Algún día, quizá, también serán leyenda.

El antiguo Camp de la Bota, en los límites del municipio de Sant Adrià del Besòs, quizá nació siniestramente predestinado a ser un lugar de bala fácil. El término Camp de la Bota procedía del tiempo en que las tropas napoleónicas realizaban prácticas de tiro en aquellos andurriales. Su nombre, por tanto, parece proceder del vocablo francés *butte*, que sería el parapeto o loma donde se empotraban las balas. En el año 1858 se construyó el castillo de Les Quatre Torres (Las Cuatro Torres), edificio militar que fue la Escuela Práctica de Artillería hasta la Segunda República. Al principio de la Guerra Civil, el baluarte se utilizó como lugar de fusilamiento de los militares rebeldes. Tras la victoria de las tropas «nacionales», se transformó en prisión y no sabemos si se escogió este lugar, en una especie de venganza cruel, para fusilar a los disidentes de la dictadura. Hasta el año 1952 se mataron allí a mil setecientas personas. Los barceloneses tuvieron que convivir con el espectro del espanto porque en su ciudad, durante doce años se ejecutaba.

Durante la década de 1950, el ejército abandonó el castillo, que fue ocupado por vecinos de los barrios de Pequín y del Parapet y por inmigrantes recién llegados a Barcelona. Allí donde se erigía el castillo, hoy en día hay un monolito en recuerdo de los fusilados, justo al lado del edificio del Fòrum, al principio de la avenida Diagonal.

El Somorrostro estaba situado en la playa entre el hospital de infecciosos, el actual Hospital del Mar, y la desaparecida fábrica de gas Lebon, del Poblenou. Tanto el origen del vocablo como la fecha en que se empezaron a construir las barracas, son inciertos. Probablemente, el nombre procede de un grupo de pescadores vascos instalados en la playa hacia mediados del siglo XIX. Las condiciones de vida en el Somorrostro eran muy precarias y el lugar también fue utilizado como vertedero. Allí se había instalado una importante colonia de calés; en el conocido Turó dels Gitanos (Colina de los Gitanos) dicen que nació la famosa bailaora Carmen Amaya.

Junto al Somorrostro se situaba el barrio del Bogatell, que tomaba el nombre de la cloaca a cielo abierto que desembocaba directamente en el mar. Muy cerca de allí se instaló un barrio de chabolas con una población dedicada básicamente a la pesca.

Un poco más allá se situaba la Mar Bella, al final de la rambla del Poblenou. Se inauguraron los baños de la Mar Bella a principios del siglo XX, que presumían de estar situados en la playa más limpia de Barcelona. En la década de 1940, un fuerte temporal arrasó con aquellas instalaciones y con las numerosas cantinas o *merenderos* y convirtió aquel lugar en otro vertedero.

La barriada de Pequín estaba situada entre los límites del Poblenou y de Sant Adrià, al final de la riera de Horta, actualmente llamada rambla de Prim. Constituía la parte barcelonesa de una zona más amplia, el Camp de la Bota, que tenía su continuación en el municipio de Sant Adrià, en el barrio del Parapet. Parece que aquella barriada fue creada por unas familias de chinos que habían emigrado de las Filipinas cuando éstas todavía eran colonia española, y que posteriormente habían sido repatriadas a España, estableciéndose allí, en la última playa de Barcelona.

En el año 1960 se realizaron unas maniobras navales que tenían que ser presididas por Franco. Para que el dictador no viera la realidad de sus planes de *desarrollo* se derribaron las barracas y sus habitantes fueron trasladados a la Mina, a Badalona y a Sant Adrià.

Hay una leyenda sobre aquellos lugares. Un pescador de la playa del Gasòmetre sospechaba que le hurtaban la barca, ya que siempre la encontraba mojada. Para comprobarlo, se escondió dentro de ella. Durante la noche, unos pajarracos negros cayeron sobre la barca, convirtiéndose en mujeres; hicieron un encantamiento y la embarcación se lanzó furiosa al mar, en una rápida carrera. Poco después, el pescador, escondido, sintió cómo arribaba a tierra. Las mujeres se fueron transformando otra vez en pajarracos y se alejaron volando. El pescador se dio cuenta por la vegetación que le rodeaba que se encontraba ¡en América! Cogió un fruto exótico y se embarcó de nuevo, temeroso de que regresaran las brujas. Éstas no tardaron mucho; repitieron el conjuro y, con la misma rapidez, surcaron el océano y regresaron a la playa del Gasòmetre. Entonces las mujeres fueron convirtiéndose de nuevo en pájaros y se fueron volando. El pescador miró su reloj: la travesía atlántica había durado exactamente una hora. El hombre, al día siguiente, difundió la noticia y mostró como prueba el fruto exótico. Pasado el tiempo y ya en su vejez, el pescador todavía enseñaba el fruto desecado a quien quisiera escuchar su historia. Le llamaban «el Mitja Lluna» (el Media Luna), y él estaba convencido de su veracidad.

Muchas más personas visitaron América pero sin encantamientos. Entre 1885 y 1894 emigraron cuarenta mil catalanes. Casi todos llegaron al nuevo continente en condiciones precarias.

Muchas más voces e historias están aún medio escondidas o aguardan para ser explicadas en los mares profundos del pasado de Barcelona. Todos los barceloneses han contribuido. Ésta es la fuerza de todo este relato.

ÍNDICE